資本主義の極意

明治維新から世界恐慌へ

佐藤 優 Sato Masaru

NHK出版新書
479

資本主義の極意――明治維新から世界恐慌へ　目次

序章　資本主義を日本近代史から読み解く

勝者不在の日本

二〇一五年の初頭、トマ・ピケティの『21世紀の資本』が話題となりました。七〇〇ページを超えるこの翻訳書が一三万部突破のベストセラーとなったのも、資本主義がもたらす深刻な格差をどう捉え、そこからいかに脱却するかというテーマに、多くの人が切実な関心を持ったからでしょう。

格差だけではありません。現在の日本社会は、閉塞《へいそく》感に覆《おお》われています。競争社会に身を置くビジネスパーソンは、ノルマを達成するために、健康を犠牲にして残業し、ストレスが蓄積していく。挙句の果てに、うつ病を発症し、出社できなくなる人も増えています。

骨身を削《けず》って働き、会社は利益を上げているのに、賃金はさほど上がらない。事実、アベノミクスで、大企業は次々と史上最高益を記録しましたが、実質賃金は下がっているのですから、人々の生活は苦しくなっているわけです。

成果主義の導入以降、一時期は「勝ち組」「負け組」などと言われましたが、「自分は勝ち組だ」と思えるような正社員はほとんどいません。いまや勝ち負けの区分は消失し、ピケティが歴史的データで分析したとおり、ごく一部のスーパーリッチと平均的ビジネスパーソンの間に、深刻な格差が鋭く生じているのです。

非正規雇用の派遣社員や契約社員については、言わずもがなでしょう。労働者を使い捨てるブラック企業が横行し、低賃金と長時間労働のために、生きるだけで精一杯の環境に置かれています。その結果、将来の収入の見通しはおろか、結婚して家族を形成することすらおぼつかない状態です。

女性も疲弊《ひへい》しています。「女性が輝く社会」というスローガンが叫ばれてはいますが、いまなお女性労働者の五割以上は非正規雇用です。また、正規雇用の女性にしても、結婚・出産によって職場復帰が困難になり、非正規雇用しか受け皿がないという人が少なくありません。これではキャリア設計など、描きようがありません。

不安定な現状に加え、将来の出費がさらに不安をかきたてます。

最近では、以前にも増して、親の収入が子どもの学歴を左右するようになってしまいました。給料は下がっているのに、学費や教育費は高くなる一方です。はたして、自分の子どもにまともな教育環境を与えられるかどうか――。

子どもの教育どころか、わが身の将来さえ不透明です。

公的年金の支給額は減り続け、貯蓄のないまま老後を迎える。年老いて、働くことができなくなったとき、どのように生活を維持していけばいいのか――。

将来に必要なカネのことを考えると、明るい展望はまったく見えてこない。生存や生活がすべてカネに換算され、カネのない人間は社会から排除されてしまうような思いさえ頭をもたげてくる。

自由な社会のはずなのに、束縛しか感じられない日本人がいまや多数派を占めています。

テロリズムと軍事化する経済

格差が拡大し、すべてがカネに換算される。さまざまなレベルで社会を生きづらさが覆っていく。このような状況を捉え、資本主義はもはや限界に達しているとする論も目につくようになりました。事実、個々の生き方のレベルのみならず、マクロな経済状況・国際情勢に目を転じても、資本主義にはいくつもの綻《ほころ》びが生じているように見えます。

アベノミクスで高騰《こうとう》を続けた株価も、中国経済失速への懸念から、世界的な株安が起きました。数年前には考えられないような株価の乱高下《らんこうげ》も日常化しています。

財政出動や金融緩和政策によって、国の赤字は膨《ふく》れ上がる一方ですが、財政均衡《きんこう》のシナリオはまったく描けていません。将来世代の福祉が、現役世代に比べて貧しくなっていくことは誰の目にも明らかでしょう。

国際情勢はますますキナ臭くなり、世界の各地で小競《こぜ》り合いのような戦争や紛争が続いています。なかでも中東全域、ウクライナ、極東アジアは、本格的な戦争に突入する危険性を秘めています。

そして、二〇一五年一一月一三日金曜日の夜（日本時間一四日未明）、フランスの首都パリで「イスラム国」（ＩＳ）による同時多発テロ事件が発生しました。この事件では、一三〇人超の死亡が確認されています。さらに同月二四日にはトルコ・シリア国境付近で、シリアの反政府勢力への空爆作戦を展開していたロシア空軍機の、トルコによる撃墜《げきつい》事件も起きました。

そんな危機の時代を加速させるかのように、日本は武器輸出三原則を緩和して、国家と企業が一体となって武器輸出や兵器の技術供与を推進しています。ステルス戦闘機F35の部品輸出や、オーストラリアとの潜水艦共同開発など、「経済の軍事化」は着々と進んでいます。表立っては言えないでしょうが、武器輸出が安倍晋三政権の成長戦略の一翼を担っていることは間違いありません。経済の軍事化もまた、資本主義の行き詰まりを象徴しているようです。

「真理はあなたたちを自由にする」

個人も国家も、ますます貧しくなっていく時代に、私たちはどのようにして生きていけばいいのか。

これは、「資本主義とどのようにつきあっていくか」という問いに置き換えることができるでしょう。というのも、いかに綻びが生じているとはいえ、予見される未来に資本主義に代わる新たなシステムが到来するとは、とても考えられないからです。私たちは、資本主義とつきあっていくしかないのです。

ならば、まずは「資本主義とは何か」を正確に把握し、いまの状況をもたらした原因を探ることが先決です。

聖書には「真理はあなたたちを自由にする」(「ヨハネによる福音書」八章三二節)という言葉があります。

不自由や束縛から目を背《そむ》けるだけでは、苦境は解消されないどころか、ますます追い詰められるばかりです。いったい何が自分の不自由をもたらしているのか。そのメカニズムの本質を深く理解しえたとき、はじめて人は、制約には「外部」があることを知り、自由の感覚を得ることができるのです。

だからこそ、私たちは資本主義を深く学ばなければなりません。

資本主義の内在的論理を理解することができれば、少なくとも資本主義の暴走に振り回されることはなくなります。すなわち、自分の健康や命を投げ捨ててまで働くような愚かな選択はしなくて済むようになるわけです。

さらに、資本主義というシステムを相対化しておく視座も重要です。

現在のような、資本と人間との関係は、特定の時代から始まったものであり、長い人類史から見れば、特殊な現象にすぎません。それを知るだけでも、人生や世界に対する構えは大きく変わることでしょう。

資本主義のメカニズムを解説した本や、資本の暴走がもたらすさまざまな困難を分析した論考は、先に紹介した『21世紀の資本』をはじめたくさん出ています。しかし私たちがほんとうに知りたいのは、一般的な解説ではなく、冒頭に掲げたような「生きづらさ」が現下日本に特有の現象なのか、閉塞感をもたらす具体的かつ本質的な原因は何か、ということでしょう。

そこで本書では、明治期にまで遡《さかのぼ》り、資本主義がこの国に根付く過程でいかなる矛盾が生じたのかを詳細に追うことで、日本独自の問題点を明らかにしていきます。

ミクロからマクロまで、現下日本を規定する資本主義の内在的論理を知ることで、自由の感覚を取り戻すこと――これが、本書『資本主義の極意』が目指す最終的な目標です。

マルクス経済学と近代経済学の違い

では、どのようにすれば「資本主義の極意」を会得《えとく》できるでしょうか。

本書では、マルクスの『資本論』の論理と、卓越したマルクス経済学者である宇野弘蔵（一八九七〜一九七七）の経済学に依拠して、議論を進めていきます。

その理由を説明しておきましょう。

まず、なぜマルクスの『資本論』なのか。

資本主義を分析した本は数多く出ていますが、資本主義の内在的論理を首尾一貫して説明できているのは、いまのところマルクス経済学だけだからです。

このように言うと、「主流派の経済学である近代経済学があるではないか」と思う人もいるかもしれません。

しかし、近代経済学では、資本主義を説明することはできません。

というのは、近代経済学にとって、商品経済を核とする資本主義は、謎ではなく、自明の前提になってしまっているからです。近代経済学では、商品も貨幣も資本も価値中立的にあらゆる時代に存在している、という前提に立ちます。その上で、需要と供給の関係や、市場の均衡条件などを、数学的に考えていく。

だから近代経済学者に言わせれば、どんな時代であれ一定のマーケットは存在することになります。つまり、近代経済学には、一般化したモデルだけがあり、「歴史」という発想はありません。

すると、あらゆる時代の経済的現象が、一般的なモデルで分析されることになりますが、もともとそのモデルは商品経済が発達した時代にもとづいてつくられているわけですから、これは不当拡張のそしりを免《まぬが》れません。

資本主義の時代とは、資本の論理が中心となって社会が動く時代です。古代や中世では、経済以外の宗教や慣習、文化などでも社会は動いていた。そうした時代を、商品経済を自明としてつくられたモデルで分析したところで、色眼鏡《いろめがね》をかけて過去の時代を見ているだけですから、過去を的確に理解することはできないのです。

それに対して、マルクス経済学は、資本主義時代の経済だけを対象とします。その意味でマルクス経済学は、歴史学の一種としての経済学とも言えるでしょう。

ターゲットが特定されている分、分析は精緻《せいち》であり、原理的です。つまり、マルクス経済学にとって、商品経済の成立は自明ではなく、解き明かすべき大きな謎でした。

したがってマルクスは、近代経済学では到達しえない深さまで、資本主義社会の構造を掘り下げていきました。そして、私の見たところ、その到達地点を理解することを抜きにして、資本主義の内在的論理を知ることはできないのです。

なぜ宇野経済学を参照するのか

それではなぜ、資本主義の論理を学ぶために、マルクスの『資本論』だけでなく、宇野経済学をも参照する必要があるのでしょうか。

このことを理解するためには、マルクス経済学とマルクス主義経済学の違いを押さえておく必要があります。

端的に言えば、マルクス主義経済学が、資本主義を打倒し、共産主義革命を起こすことを目的に組み立てられた経済学であるのに対して、マルクス経済学は資本主義の内在的論理を解き明かす経済学なのです。

しかし、前者は一九九一年のソ連崩壊によって、有効性がないことは明らかになりました。私たちがこれから学ばなければならないのは、もちろんマルクス経済学のほうです。

ただ、このように「マルクス」の名が付いた二種類の経済学が生まれたことには理由があります。それは、マルクスの『資本論』のなかには、二つの魂があるからです。

第一は、資本主義社会に対する冷徹な観察者の魂（マルクス経済学にいたる）であり、第二は、資本主義社会を革命によって打倒し、理想的な社会をつくろうとする共産主義革命家としての魂（マルクス主義経済学にいたる）です。

このうち、革命家としての魂が強く出ている部分は、論理構成が崩れてしまっているため、資本主義の内在的論理を理解する上では躓《つまず》きの石になってしまいます。

このことを鋭く見抜き、『資本論』の第一の魂だけを徹底的に掘り下げ、それを独自に体系化したのが宇野弘蔵の経済学なのです。そして宇野は自らの経済学を、革命を志向するマルクス主義経済学ではなく、マルクス経済学であると規定しました。

宇野経済学に準拠したマルクス経済学は、非常に禁欲的な学問です。世の中はどうあるべきかというイデオロギーは一切、カッコに括《くく》り、資本主義のカラクリを、あくまで観察者の目で解き明かす。

しかし、観察者の目だからこそ、私たちがいかに資本の論理で動かされているか、出世であるとか金銭であるとか、そういったものだけに囚《とら》われる生き方がなぜ蔓延《まんえん》してしまうのかがわかるようになるのです。

「三段階論」とは何か

「資本主義の極意」を会得するアプローチとして、マルクス経済学を用いることを説明しました。

このことに加えて、本書ではもう一つのアプローチを設定しました。それは、先述したとおり日本近代史を導きの糸として、資本主義社会をアナロジカルに理解するという方法です。

本書の姉妹編『世界史の極意』では、世界史を通して、「アナロジー（類比《るいひ》）」的な物の見方を養うことを目的としました。ものごとを比較して見るということです。

アナロジカルに歴史を見ることは、いま自分が置かれている状況を、別の時代、別の場所に生じた別の状況と比較して理解することです。

本書でもこの方針を踏襲し、日本近代の「資本主義」の変遷《へんせん》を確認しながら、現在の資本主義システム、とりわけ現下日本の状況を浮き彫りにすることを目標とします。

ここで有効になるのが、宇野経済学の「三段階論」と呼ばれる理論です。

宇野は近代経済学のように、いきなり現実の経済現象を分析することは、方法論的に誤っていると考え、「原理論」「段階論」「現状分析」という三つのステップから、資本主義社会を分析する方法を提唱しました。

それぞれの詳細な解説は次章以降に譲ることにして、ここではポイントだけを解説しておきましょう。原理論とは、一九世紀半ばのイギリスを典型とする自由主義的な経済状況をモデルに、資本主義の純粋な形態とは何かを解き明かすものです。

そのような純粋形態に国家が介入してくると、資本主義は段階論的状況に入る。重商主義から自由主義的な資本主義、さらには帝国主義的な資本主義へと段階的に移行していくわけです。原理論、そして資本主義の歴史的発展を明らかにする段階論的状況をふまえて、現実にいま存在する資本主義を見ていくのが現状分析です。

以上が三段階論ですが、この方法を用いることで、現在の日本の状況を、過去の日本が置かれた状況との類比にもとづいて理解することが可能になります。

そのポイントは、近代日本の資本主義は、スタート時点から、国家の介入が強くあったということです。

日本特有の問題点——国家はいかに資本に介入したか？

マルクスの『資本論』は、資本が自己増殖していくカラクリを分析したものなので、「国家」という要素は捨象《しゃしょう》されています。これが「原理論」に当たるものです。

しかし、日本の資本主義を分析するためには、「国家」という要素を視野に入れなければなりません。したがって、『資本論』だけでは、近代日本の資本主義を読み解くことは難しい。

一方、宇野経済学の「段階論」は、資本と国家の結びつきをふまえて構成されているため、日本の資本主義を分析するには格好のツールになります。

『世界史の極意』でも論じたように、グローバル資本主義の時代である現代において、国家機能は逆に強化されています。たとえば、ウクライナに対するロシアの介入や中国の南シナ海進出、あるいはＥＵでのドイツの求心力の高まりなどが、国際情勢に影響を与える大きなファクターとなっている。日本においても、新安保法制の強行採決に象徴されるように、安倍政権は国家機能を強化しようとしています。

この逆説を理解するためには、宇野経済学を使って、戦前日本の資本主義を分析する作業が不可欠です。すなわち、日本において資本主義はどのように発展し、そのプロセスのなかで国家はどのように資本に介入していったのか。この分析を通して、日本資本主義に特有の問題点が理解できるでしょう。さらには、冒頭に掲げた、いま日本社会を覆っている閉塞感をもたらす原因から、グローバル資本主義が招く危機の正体、そしてＩＳによるテロ事件の本質までもが見えてくるのです。

本書の構成

以上で述べたように、本書は、マルクス経済学すなわち宇野経済学を用いて、近代日本の資本主義を分析し、それを現状理解に役立てることで、読者一人ひとりが「自由の感覚」を取り戻すことを目的としています。

簡単に各章の内容を説明しておきましょう。

第一章から三章までは、ほぼ時系列に即して、近代日本の資本主義の変遷を解説していきます。

まず、第一章「日本資本主義はいかに離陸したか?」では、宇野経済学の「原理論」をふまえて、明治維新から一八八〇年代ぐらいまでの、日本的資本主義が勃興《ぼっこう》する時代をたどります。日本では、どのようにして資本主義が立ち上がっていったのか。その歴史的な理解を通じて、宇野経済学の最も核となるエッセンスを習得することが本章のねらいです。

続く第二章「日本資本主義はいかに成熟したか?」では、一八九〇年代から一九〇〇年代を対象として、前半では「恐慌」の問題を中心的に扱います。

はたして、恐慌は資本主義を終わらせるものなのか、それとも資本主義が進行するプロセスで必然的に起きる現象なのか——。資本主義の内在的論理を理解する上では、欠かせない論点です。

さらに、この時期は、産業革命が起き、重工業が形成されていく時代でもあります。

そのプロセスを追いながら、現代にも通じる格差拡大や構造的貧困が生まれるメカニズムを「階級」の問題と絡《から》めて考察します。そして、この時代の資本主義を宇野経済学の「段階論」を参照して分析することで、日本資本主義の特色も明確に理解できるでしょう。

第三章「国家はいかに資本に介入したか？」では、「段階論」をふまえて、第一次世界大戦から終戦を迎える一九四五年までを扱います。

この時期、日本は帝国主義的段階へと移行し、第二次世界大戦に突入していきます。現代の国際情勢や日本のゆくえを展望する上で、「帝国主義」や「ファシズム」など、この時代に起きた現象をアナロジカルに捉える視点は不可欠です。

以上をふまえて、最終章となる第四章「資本主義はいかに変貌《へんぼう》したか？」では、経済の軍事化からTPP（環太平洋戦略的経済連携協定）、アベノミクスから新たな貧困層の登場、そしてテロ事件にいたるまで、現下日本と国際情勢をめぐる具体的な問題や事象を掘り下げて分析していきます。

先述のとおり、予見される未来に資本主義の問題点が完全に乗り越えられることはないでしょう。平均的な日本人は、これからも自らの労働力を資本の側に売り渡して生活していくしかないのです。何かをきっかけに何億円もの莫大な年収を手にして、資本家の側に移行する人もいるでしょうが、それはあくまで例外的な現象です。ならば、資本主義とどうつきあっていけばよいのか。

もはや、この問いを避けて通ることはできません。そこで第四章の後半では、現状分析とあわせて、資本主義社会のなかで今後、私たちはどのように働けばいいのか、生きていけばいいのかといった指針を探究します。

『世界史の極意』同様、各章末には、それぞれのテーマをさらに深く理解する上で役立つ本を挙げました。巻末に挙げた文献とともに、関心の向いた本からあたってみてください。

■日本近代史と資本主義を理解するための本

高村直助、高埜利彦ほか
『日本史A』
山川出版社

ビジネスパーソンが幕末以降の近現代史に関する知識を身につけるためには、近現代に特化して編集された日本史Aの教科書が役に立つ。歴史の流れを重視した記述になっているので、アナロジカルに歴史を見る力を養うにはうってつけだ。

宇野弘蔵
『資本論に学ぶ』
ちくま学芸文庫

難解で知られる宇野経済学の入門書としては、晩年の講演記録や対談をまとめた本書が読みやすい。『資本論』との出会いから、宇野経済学のエッセンスである三段階論や恐慌論まで、宇野の知的格闘の足跡をたどりながら学ぶことができる。

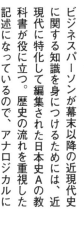

第一章　日本資本主義はいかに離陸したか？

──「明治日本」を読み解く極意

第一章関連年表

年	代	日本の動き
1853	嘉永6	浦賀にペリー、長崎にプチャーチン来航
1854	安政1	日米和親条約調印
1858	安政5	日米修好通商条約、さらに英・仏・露・蘭と安政五か国条約調印
1866	慶応2	英・仏・米・蘭と改税約書調印
1867	慶応3	大政奉還 王政復古の大号令
1868	明治元	貨幣司設立 全国で通用する政府紙幣（不換紙幣）、太政官札が発行
1869	明治2	造幣局設立 版籍奉還
1871	明治4	新貨条例制定（貨幣単位として「円」を採用） 廃藩置県 日清修好条規締結
1872	明治5	田畑永代売買の解禁 国立銀行条例制定 富岡製糸場開設
1873	明治6	地租改正条例制定
1876	明治9	日朝修好条規制定
1877	明治10	西南戦争
1878	明治11	金銀複本位制開始
1880	明治13	工場払下概則制定
1881	明治14	明治14年の政変 松方財政開始
1882	明治15	中央銀行として日本銀行開業
1885	明治18	日本銀行兌換銀券発行
1889	明治22	大日本帝国憲法発布

1　近代的貨幣制度の幕開け

史実と理論を往復する

　本章では、明治維新から一八八〇年代ぐらいまでの日本経済史をたどりながら、日本の資本主義がどのように形成されていったのかという問題を考えていくことにします。

　資本主義の理論的な考察を行なうためには、最低限の史実をふまえる必要があります。しかし、専門的な知識は必要ありません。高校教科書レベルの歴史的知識があれば、十分に理論との橋渡しができます。

　そこで本書では以下、近現代史に特化した「日本史A」の教科書、具体的には、山川出版社の『日本史A』をベースに、必要な知識を整理していくことにします。作業手順としては、いくつかのテーマごとに歴史的事実を確認しながら、理論的な考察を加えていくという方法を採りましょう。

　この章ではまず、明治初期の経済史から「貨幣の統一と銀行の役割」「地租改正」「殖産興業」「松方財政」という四つの項目をピックアップし、それぞれがどのような経緯で進行したかを見ていきます。ここまでは日本史の教科書や参考書にも出ていますが、本書ではそこに理論的な考察を重ねて、歴史的事実と理論を往復することになります。

このアプローチの利点は、マルクス経済学のいちばん大事なエッセンスがほぼ網羅できることと同時に、日本資本主義の特殊性の要所を把握できるところにあります。

それでは、さっそく「貨幣の統一と銀行の役割」という点から見ていきましょう。

近代的通貨制度への第一歩

周知のように、一八六七（慶応三）年一二月九日に、王政復古の大号令が発せられて、明治の新政府が樹立されました。ここから、新しい国造りがスタートするわけです。

しかし、明治の新政府だって、先立つカネがなくては富国強兵も殖産興業もできません。そこでどうしたかというと、当時の豪商からお金を借りる。それから、貨幣や銀行の整備に向かうわけです。教科書では次のように書かれています。

新政府は成立当初、財源が乏しかったため、三井・小野・鴻池《こうのいけ》など三都（江戸・大坂・京都）の商人から約三〇〇万両の御用金を徴発した。また太政官札《だじょうかんさつ》（金札《きんさつ》）、民部省《みんぶしょう》札《さつ》などの紙幣を発行したが、これらは金貨や銀貨と交換できない不換紙幣であったから、まもなく紙幣価値の下落と経済の混乱をまねいた。（『日本史A』山川出版社、四五～四六頁）

新政府発足《ほっそく》当初は、国内に複数の種類の貨幣が流通していました。金貨、銀貨もあれば、藩のなかだけで使える藩札《はんさつ》、外国貨幣も使われていた。そういう状況で、政府ははじめて紙幣を発行したのですが、まだ政府の信用が低いので、あまり使ってもらえない。そうすると、どんどん紙幣の価値が下がってしまうわけです。

政府は、混乱した貨幣制度を統一するために、一八七一（明治四）年、金本位をたてまえとする「新貨条例」を定め、円・銭・厘《りん》という十進法にもとづいて、新貨を発行することにしました。金本位がたてまえだというのは、当時の貿易では銀貨の使用が主流であり、実質的には金銀複本位制だったからです（一八七八［明治一一］年に金銀複本位制を正式に採用し、実質的には銀本位制となりました)。

しかし、新貨条例を公布したものの、鋳造《ちゅうぞう》が追いつかないし、不換紙幣も回収しないといけません。そのためには、紙幣の交換をしてくれる銀行が必要です。そこで、一八七二(明治五)年に、国立銀行条例を公布して、その翌年に第一国立銀行ができるわけです。

ただ、国立銀行とはいっても、運営は民間です。これは、アメリカのナショナル・バンクにならったもので、国の法律にもとづいてつくられる民間銀行という意味です。

当初の国立銀行は、金貨との兌換《だかん》が義務づけられていましたが、その後、一八七六(明治九)年に不換紙幣の発行が認められたことで、続々と国立銀行が設立されていきます。一八七九(明治一二)年までに、一五三の国立銀行が設立されました。

はたしてこれで銀行制度が順調に機能したかどうかは、次章に持ち越します。まず、この項目では、新貨条例によって通貨単位が統一され、近代的な貨幣制度へと踏み出したことを理解してください。

貨幣の問題

こうした一連の史実に関連して、最初に理論的に考えておきたいのは「貨幣」の問題です。

私たちが使っている「円」は、新貨条例に起源があることははっきりしています。このとき、たてまえ上であれ、一円は純金一・五グラムと定められました。

しかし史実をいくら眺めても、「貨幣とは何か」という根本的な問いに答えることはできませんが、資本主義のカラクリを知るためには、「貨幣はどのように生まれたのか」という理論的な分析が不可欠です。そして、この問いに答えられないと、資本主義の本質に迫ることはできません。

ところが近代経済学では、「貨幣とは何か」という問いは不問に付されています。それも当然で、序章でも述べたように、近代経済学にとって資本主義は自明の理とされているからです。

私の見たところでは、マルクスだけがこの問題に正面から立ち向かった。そして、それを精緻な理論へと昇華したのが宇野弘蔵の「原理論」です。

宇野は、マルクスの『資本論』を徹底的に掘り下げることによって、資本主義とはそもそも何か、その純粋な理論とは何かを解き明かすことに成功しました。それが宇野経済学の「原理論」と呼ばれるものです。

以下の理論的な説明も、マルクスの『資本論』と、宇野の「原理論」をベースに進めていきます。

マルクスの『資本論』のなかで、貨幣の問題を扱っているのは、第一巻の第一篇「商品と貨幣」と題された部分なので、その読解から始めましょう。じつは『資本論』を読もうとして挫折してしまうのは、この第一篇が難しいからです。だからこそ、ここですこし丁《てい》寧《ねい》に、そのエッセンスを解説しておくことにします。

最初に、冒頭の有名な一文を引用しましょう。

資本主義的生産様式の支配的である社会の富は、「巨大なる商品集積」として現われ、個々の商品はこの富の成素形態として現われる。したがって、われわれの研究は商品の分析をもって始まる。（マルクス『資本論（一）』［向坂逸郎訳］岩波文庫、六七頁）

この一文からすでに難解な言い回しですが、ようするに、資本主義の根源は「商品」だから、「商品」の分析から始めるということです。

じつはこの「商品」をどう解釈するかという点でも、意見は割れています。ここで言う商品は、ありとあらゆる時代に見られる商品全般のことを指しているのか、それとも資本主義社会に限られた商品のことなのか。

宇野弘蔵は、後者、すなわち資本主義社会に限られた商品だという見方を採り、私もこの見解を採りますが、どちらが正解ということはありません。どちらで読んでも、『資本論』は整合的に読むことができるのです。

商品の「価値」と「使用価値」の違い

では、具体的な解説に入ります。

資本主義社会のなかでは、あらゆる商品に「価値」と「使用価値」という二つの性格があります。この違いを押さえることは、マルクス経済学を学ぶ上では決定的に重要なので、じっくりと納得しながら読み進めてください。

価値とは、ボールペンならば一〇〇円、スマートフォンなら二万円というように、貨幣と交換できる商品の性格です。単純化して言えば、値段のことです。

それに対して、使用価値は個々の商品の有用性を指します。たとえばボールペンなら「書くこと」だし、スマートフォンなら「電話をかけたり、メールを送ったりすること」が使用価値です。

ここからが面白いところです。

たとえば、Aさんがボールペン一〇本を持っていて、BさんはTシャツ一枚を持っていたとします。

さて、Aさんは、Tシャツを一枚欲しがっており、Bさんに「ボールペン一〇本とTシャツを交換してほしい」と言う。

このときAさんは、ボールペン一〇本の「価値」と、Tシャツ一枚の「使用価値」をイコールだと考えているわけです。別の言い方をすれば、Aさん自身にとって、ボールペン一〇本には使用価値はない。自分の生活には不必要だから、交換しようとする。

しかしBさんにとっては、事情は逆になります。Bさんは、自分が所有しているTシャツ一枚の価値と、ボールペン一〇本の使用価値とが釣り合うかどうかを考える。そして釣り合うと思ったら交換するし、釣り合わないと思ったら、交換を断るわけです。

この例では、売ろう（交換しよう）としている商品の価値は、相手の持っている商品の使用価値で表現されます。

これでは、商品の交換はほとんど実現できません。だから、さまざまな商品と交換できるモノが必要になる。現代で言えば、それが貨幣ですが、マルクス経済学ではこれを「一般的等価物」と言います。

理屈の上では、一般的等価物は金や紙幣である必要はありません。「これを持っていけば何でも手に入る」ものが一般的等価物です。だから、米でもいいし、水でもいい。ただし、歴史的には金や銀の貨幣が一般的等価物となり、それが現代では通貨や紙幣になった。『資本論』ではそう考えるわけです。

カネが崇拝の対象になる

ひとたび、貨幣のような一般的等価物が生まれると、貨幣と商品の立場は不平等になります。つまりカネがあれば商品を買えるけれど、商品があるからといってカネになるかどうかはわからない。

マルクスはシェイクスピアの『夏の夜の夢』（第一幕第一場）から引いて、商品とカネの関係を次のようにたとえています。

「まことの恋がおだやかに実を結んだためしはない」（福田恆存訳）

つまり商品はお金を愛する。商品を持っている人は、それをお金に換えたいわけです。しかし、必ずしも売れるとは限りません。

一方、お金があれば、必ず商品を買えます。恋愛で言えば片想いの状態です。マルクスは、この非対称性を「商品体から金体への飛躍は、（中略）商品の生命がけの飛躍である」（前掲『資本論（一）』、一八八頁）と表現しました。

ここで考えないといけないのは、お金というのは人間と人間の間の社会的関係から出てくるものであるということです。先述したように、一般的等価物は、商品の交換から生まれる。商品の交換は人間と人間の社会的関係ですから、お金の根っこには社会的関係があるということです。

にもかかわらず、お金と商品は非対称であり、お金を持っているほうが、欲望を満たすことができる。そうすると、お金自体に価値があるように思えて、崇拝《すうはい》の対象になる。これが物神《ぶっしん》崇拝です。お金を信仰する宗教になるわけです。

カネに対する信仰は、意識的に変えられるようなものではありません。お金は実体として力を持っているからです。

貨幣については、ここまでの論理を押さえておいてください。要約的に言えば、カネは、人間同士の社会的関係の必要から生まれたものです。だから使わなければ、ただの持ち腐れです。しかし、一般的等価物になることによって、それ自体に価値があるように思え、カネそのものを愛する態度が生まれてくるということです。

貨幣はどのように資本に転化するのか

しかし、商品から貨幣が生まれたからといって、すぐに資本主義システムが動き出すわけではありません。続けてマルクスは「貨幣がどのように資本に転化するのか」という問題を考察します。『資本論』では第二篇「貨幣の資本への転化」で考察される内容です。

ここで有名な二つの式を紹介しましょう。

・W—G—W
・G—W—G′（G＋g）

「難しい数式が出た」と尻込みしないでください。これは日本語で書きなおせば、どうということはありません。Wはドイツ語でバーレ（Ware　商品）、Gはゲルト（Geld　貨幣）の頭文字なので、二つの式は次のように日本語で書き換えられます。

・商品—貨幣—商品
・貨幣—商品—貨幣′

〈商品─貨幣─商品〉は、先ほどAさんとBさんを例にして説明したことを表しています。Aさんは、一〇本のボールペンで、Tシャツ一枚を手に入れたい。だから、一〇本のボールペン（商品）をカネ（貨幣）に換えて、Tシャツ（商品）を手に入れる。

これが、〈商品─貨幣─商品〉という式が表現していることであり、欲しいTシャツを手に入れた時点で、この式は完結します。手に入れたTシャツを着てしまえば、それでおしまいです。

それに対して、〈貨幣─商品─貨幣′〉は商人や資本家の見方です。カネを持っていて、それを元手にして得た商品を売り、より大きい額のカネを手に入れる。ここで、最初の貨幣Gは、G′（G＋g）と表現できます。このgが利益で、マルクスの言い方では「剰余《じょうよ》価値」となります。

こうなると、目的はより多くの貨幣を手に入れることですから、一度利益を上げただけでは止《とど》まりません。新たに得たカネを再び商品にして売り、さらにカネを増やしていく。その運動に終着駅はありませんから、無限に続いていくわけです。

このとき、貨幣は「資本（としての貨幣）」に転化します。「資本」とは、いわば儲《もう》けるための元手です。

では、これで資本主義システムは動き出すでしょうか。

そんなことはありません。資本主義以前から商人はいて、〈貨幣―商品―貨幣′〉という商売を続けています。日本の江戸時代にも、豪商や両替商と呼ばれる金貸しがいました。ちなみに金貸しの場合は、〈G―W―G′〉ではなく、〈G……G′（G＋g）〉と表します。gは利子で、〈……〉は時間が経過していることを意味します。

このことからもわかるように、貨幣が資本になっただけでは、資本主義システムは作動しないのです。

資本主義の起源には「労働力の商品化」がある

いったい、何が起こると資本主義システムは動き出すのか。つまり、資本主義システムの起源には何があるのでしょうか。

資本主義社会とは、商品経済が社会全体をすっぽりと覆っているような社会です。ですから、古代や中世のように、ある地域では商品経済が成立しているけれど、ある地域では自給自足経済を営んでいるような社会は、資本主義社会とは言えません。

では、どうすれば資本主義社会が生まれるか。『経済政策論』のなかで宇野は次のように言います。

〔資本主義社会とは〕自然に対して働きかけて生活資料ないし生産手段を獲得して経済生活を営むという、あらゆる社会に共通な、人間生活に絶対的な労働＝生産過程自身をも商品形態を通して旧来のいかなる社会よりもより経済的に行なう社会である。そしてそれは労働力自身を商品化することによってはじめて実現されたのである。（宇野弘蔵『経済政策論〔改訂版〕』弘文堂、七頁、傍点引用者）

経済という営みは、人類の誕生とともにありました。物々交換や贈与だけでなく、貨幣と商品を交換する商品経済も、古代にはすでにあったわけです。

ならば、資本主義社会は、それ以前の時代と何が違うのか。それは「労働力の商品化」だと宇野は言います。

この「労働力の商品化」ということが起きてはじめて、資本主義システムが回り始めるようになった。これこそが資本主義の起源なのです。

二重の自由

「労働力の商品化」について、説明を続けます。

先ほども述べたように、資本主義以前の時代にも、貨幣は資本として流通していましたが、社会全体を資本の運動が覆っているわけではありません。

というのは、商人であれ、金貸しであれ、自分自身では商品を生産していません。中世のような社会では、生産は〈貨幣―商品―貨幣〉の外部で行なわれています。

ところが、ある偶然によって「労働力の商品化」が起きると、生産のプロセス自体が〈貨幣―商品―貨幣〉に組み込まれてしまうのです。

つまり、資本家が労働者の労働力を商品として買う。そして労働者を働かせることで、商品をつくり、それを売って儲けを出す。

社会は、働く人々と、労働によって生産されたモノから成り立つ空間です。そこに「労働力の商品化」が起きるということは、資本の運動が社会全体に張りめぐらされていくことを意味します。こうしてできあがるのが、資本主義社会である産業社会です。

そこで、次に考えなければならないのは、どのような人々が労働力を商品化できるのか、ということです。

論理的に考えて、「労働力の商品化」は「二重の自由」がないと起きません。

第一に、身分的な制約や土地への拘束《こうそく》から離れて自由に移動できること。これは契約を拒否できる自由を持っているということでもあります。第二に、自分の土地と生産手段を持っていないこと。生産手段とは、たとえば工場や機械設備のことです。これを「生産手段からの自由」と呼びます。この場合の「自由」とは、「持っていない」ということですから、日本語のポジティブな意味合いとは異なることに注意しましょう。

土地に縛り付けられず、自由に移動できる。でも、自分の土地や生産手段は持っていない。これが「二重の自由」です。

正規、非正規にかかわらず、企業の社員は、みな「二重の自由」の状態にあります。だから、自分の労働力を商品化し、それを売って生活しているわけです。

賃金はどのように決まるのか

「労働力の商品化」とは、文字どおり、働く能力を商品にするということです。

労働力を商品として買うのは、もちろん資本家です。資本家が賃金月二〇万円で労働者を雇うのはなぜか。それは二〇万円で労働者を雇うことで、それ以上のお金を儲けられるからです。

たとえば、二〇万円で労働者を雇って、二五万円の儲けが出る。この五万円は資本家に入る。三〇万円の儲けが出れば、一〇万円が資本家の懐《ふところ》に入ります。

しかし、いくら儲けても、労働者に分配されることはありません。なぜか。マルクス経済学では、労働力は、商品を生産するための商品として扱われるからです。つまり賃金は、利潤の分配ではなく、商品を生産するための商品（労働力）の対価として支払われるわけです。利潤の分配を受けるのは資本家のみです。

では、そのときに労働力の対価である賃金はどう決まるのでしょうか。それには三つの要素があります。

たとえば一か月の賃金だったら、一つは、労働者が次の一か月働けるだけの体力を維持できるお金です。食料費や住居費、被服費、それにちょっとしたレジャー代などが相当するでしょう。

二つ目は、労働者階級を再生産するお金です。つまり家族を持ち、子どもを育てて、その子を労働者として働けるようにするためのお金が賃金には入っていないといけません。

三つ目は、資本主義社会の科学技術はどんどん進歩していきますから、それにあわせて自分を教育していかなければいけない。つまり、自己教育のためのお金が必要になります。

この三要素がないと、資本主義はまともに回りません。

しかし同時に、生産した商品を売ったときには、利益を出さないと、価値は増殖していきません。たとえば、時給一〇〇〇円で一時間をかけてつくった商品を一〇〇〇円で売ったのでは、儲からない。だから、必ず一五〇〇円、二〇〇〇円と利益が出る価格で売ります。

もっと儲けたいと思ったら、サービス残業をさせたり、給料を下げたりすればいい。そうやって資本家は、すこしでも搾取《さくしゅ》を強めて、利益を出そうとするわけです。

エンクロージャーというきっかけ

先ほど、労働力の商品化は「ある偶然によって起きる」と書きました。資本主義社会が成立するためには、「労働力の商品化」が不可欠であることはわかりました。そこで考えなければならないのは、どのようにして「労働力の商品化」が生じるのか、この「偶然」とは何だったのかという問題です。

放っておけば、社会のなかで必然的に「労働力の商品化」は生まれるでしょうか。そんなことはありません。宇野の原理論で重要なことは、この「労働力の商品化」が歴史上、偶然にして起きたということです。

では、労働力の商品化はいつ、どこで、どのようにして起きたのか。

これは本書の姉妹編『世界史の極意』で詳述しましたが、そのきっかけは、一五~一六世紀のイギリスで起きた「囲い込み（エンクロージャー）」です。

この時期、ヨーロッパを大変な寒波が襲います。そのため、ヨーロッパ全域で毛織物の需要が急激に高まりました。

折しも、そのころのイギリスは毛織物産業の成長期でした。羊毛でセーターやコートをつくると、飛ぶように売れる。セーターを大量につくるためには大量の羊毛が必要になります。そのためにイギリスでは領主や地主が農民を追い出して、羊を飼い始めた。このとき、農地の周りを生け垣や塀《へい》で囲って牧場に変えたので「囲い込み（エンクロージャー）」というわけです。

追い出された農民たちは、都市に流れていきます。彼らは、身分的制約がなく、土地や生産手段も持っていない。もう自分の労働力を売るしかない。そこで彼らは、毛織物工場に雇われていきました。こうして、先ほどの「二重の自由」の状態にあるプロレタリアート（無産階級）が生まれたわけです。

これがイギリスで起きた「労働力の商品化」です。

結局のところ、ある偶然的な事情でイギリスの毛織物産業だけで成立した事象が、ほかの産業も全部席巻《せっけん》してしまった。これが近代資本主義の幕開けになったのです。

2　資本主義と農業はどう結びつくか

地租改正の三つのポイント

イギリスでは、エンクロージャーが契機となって、徹底的な農民層の分解が起き、追い出された農民たちが労働者となることで、資本主義システムが動き始めました。

では、日本にエンクロージャーに相当するような、農民層を徹底的に分解する出来事はあったでしょうか。

この点について、「地租改正」がそれにあたるかどうかを考えてみましょう。

ここでも、最初に歴史的な事実を確認しておきましょう。

「地租」とは土地に対する税のことです。発足したばかりの明治政府の主たる財源は、旧藩から受け継いだ年貢《ねんぐ》でした。つまり、米による納税だったわけです。

しかし藩ごとに徴収方法や年貢率がバラバラで、豊作か凶作かによっても税収は大きく変動します。これでは安定した税収を確保できない。

そこで政府は、安定した税収を確保するために、土地制度や税制度の改革を行ないました。『日本史A』でそのくだりを読んでみましょう。

改革の第一歩として、一八七一（明治四）年に田畑勝手作《でんばたかってづくり》を許可し、翌年には田畑永代《えいたい》売買の禁令を解き、土地を不動産としてその所有権をはっきり認めるため、地価を定めて地券を発行し始めた（壬申《じんしん》地券）。しかし、土地の所有者や地価の確認が容易でなかったため、一八七三（明治六）年、地租改正条例を公布して地租改正に着手し、土地を調査してその所有者や地価を確認し、新税制に切りかえる事業を、一八八一（明治一四）年までにほぼ完了した。（前掲『日本史A』、四七〜四八頁）

地租改正の要点は、課税基準を収穫高から地価に変えたこと、税率を地価の三パーセントとして、物納から金納に変えたこと、そして土地所有者に納税を課したこと、という三点です。

注意したいのは、「土地所有者」とは誰かということです。自作農家はもちろん土地所有者ですが、地主と小作人がいるところでは、地主が土地所有者です。ですから、国に納税するのは地主で、小作人は江戸時代と同じように現物納のままでした。

地租改正とエンクロージャーの違い

こうした税制や土地制度の改革がもたらした結果について、教科書では次のように記述されています。

こうして、近代的な租税の形式がととのって、政府の財政の基礎が固まった。また地租が金納となり、土地が私有財産化されたことは、農村の市場（商品）経済化を促進することになったが、それは同時に農民層の分解と下層農民の貧窮化をいっそううながすことになった。また農民が共同で利用していた山林・原野などの入会地《いりあいち》のうち、所有権を立証できないものは官有地に編入されたため、各地で紛争がおこった。（前掲『日本史A』、四九頁）

地価の三パーセントというとたいした税率ではないと思うかもしれませんが、実際は農民にとって非常に重い税負担になりました。だから、農業をやめたり、物納で済ませられる小作農に転換したりする農民が現われた。これが農民層の分解ということです。

問題は、ここで言う農民層の分解が、イギリスのエンクロージャーに相当するほどの出来事だったかどうかです。

結論から言えば、それはまったく違います。

イギリスのエンクロージャーの場合、農民は、強制的に土地から引き剝《は》がされる。だから彼らは「二重の自由」の状態にある無産労働者となって、労働力を売らなければならなくなるわけです。

もちろん、農民が完全にいなくなるということではありません。教科書レベルの整理で言えば、一八世紀後半の産業革命の時期に、イギリスで第二次エンクロージャーが起きる。このときのエンクロージャーの目的は、牧羊ではなく食糧増産です。

具体的に何をしたかというと、大地主が、中小の自営農民の土地を奪って、大規模な農地として囲い込む。そしてこの農地を、高い農業技術を持っている農業資本家に貸し出すわけです。

農業資本家は、土地から引き剝がされた農民を「農業労働者」として雇います。つまり、それまでの農民たちは、賃金労働者として農業をすることになるのです。

こうして、農業においても資本主義的経営が成立していきます。したがって、第二次エンクロージャーで、土地から引き剝がされた農民は、都市に流れて産業資本家のもとで工場労働者になる者と、農業資本家のもとで農業労働者になる者の両方がいました。

ここでのポイントは、イギリスではエンクロージャーを通じて、工業においても農業においても、資本主義的経営が成立したということです。

一方、日本の地租改正では、農業の資本主義的経営は成立していません。自営農も残っているし、地主と小作の関係は江戸時代のまま、現物を納める関係ですから、小作は賃金労働者ではありません。ですから、農民層が分解したといっても、イギリスとは違って、中途半端な分解に留まったわけです。

このように、日本にはエンクロージャーはなかった。それでも資本主義が自立したのは、後述するように政府主導のもとで殖産興業に邁進《まいしん》し、ある程度発達した技術を外国から導入できたからです。農村を完全に分解して、無理やり賃金労働者をつくりだして労働力を商品化する必要はなかったわけです。

富国強兵と農業政策

明治初期に農村が完全に解体されなかったことには、大きな意味があります。すこし脱線しますが、ここで資本主義国家と農業の関係について見ておきましょう。

戦前においては、東京帝国大学の農学部は医学部より難しかった。農学部だけで、東大のほかのキャンパスを合わせたのと同じくらいの広さがありました。農学部ではありませんが、柳田国男ものちの東大法学部で農政学を専攻しています。

超エリートが農業を学び、戦前の帝国大学において農学部の地位が高かったのは、富国強兵の基本は工業ではなく、じつは農業だったからです。

柄谷行人は、柳田国男について論じた『遊動論』でこのように書いています。

農村は、失業した労働者を一時的に受け入れる溜池でもある。また、国家の兵士を提供する母体でもある。その意味で、農業・農村は、産業資本主義国家にとって不可欠であった。農村の荒廃は、資本にとっても国家にとっても危機である。（柄谷行人『遊動論』文春新書、五八頁）

そのため東京帝国大学教授の横井時敬《ときよし》は、のちの帝国主義の時代になると農本主義を唱えました。これは文字どおり農業や農村を国の「本《もと》」とする考え方で、横井は行政による農業の保護を訴えました。しかし、柄谷も指摘するように、これは農民を重視したり、農村の改革を奨励したりするものではなく、あくまで富国強兵の一環としてのことです。

経済のなかでも、いちばん優秀な人たちは農業経済を専攻していました。これは戦後の話ですが、宇野弘蔵にも農林省の研修所の教官をやっていた時期があります。農林省の役人たちに資本主義システムの限界を教えていたのです。役人たちは宇野に資本主義社会の内在的論理を叩き込まれた上で、農業政策を立てていたわけです。

3　インフレ政策からデフレ政策へ――大隈財政と松方財政

地租改正や日本の土地制度改革をめぐる論点は、のちほどもう一度、詳しく考察しますが、この問題は日本資本主義の特性ともダイレクトにつながるものです。

そこで先に、「殖産興業」について見ておきましょう。

殖産興業の特徴

『日本史A』では、「殖産興業」の項目は次のように始まります。

政府は富国強兵をめざして殖産興業に力を注ぎ、お雇い外国人の指導のもとに近代産業の育成をはかった。まず関所《せきしょ》や宿駅《しゅくえき》・助郷《すけごう》制度の撤廃、株仲間《かぶなかま》などの独占の廃止、身分にまつわる制約の除去など、封建的諸制度の撤廃につとめ、産業発展の基礎を固めた。（前掲『日本史A』、四九頁）

わずか二つの文章ですが、重要な事実がいくつも含まれています。

まず、殖産興業の主体は、政府、すなわち国家だったということです。当たり前じゃないかと思うかもしれませんが、日本の資本主義を理解する上で、国家が主導したということは決定的な重要性を持っています。

たとえば、イギリスであれば、工場はカネを持っている資本家が建てるわけです。しかし日本では、民間にそんな資金も技術もありません。だから、国家が主導して、税金をつぎこんで工場を建設する。それが、富岡製糸場のような「官営模範工場」です。あるいは、旧幕府や旧藩が経営していた鉱山、製鉄所、造船所も、すべて国が引き継いだ。交通・通信の整備といった国内インフラの拡充も当然、政府主導で行なわれました。

そして、産業の育成にあたっては、お雇い外国人をフル活用しました。鉄道の敷設《ふせつ》はイギリスに丸投げだったし、製糸業ではフランス人の指導のもとで、フランスの技術を取り入れた。

農業技術の導入も同様です。のちに東大農学部などとなる駒場農学校や、北海道大学となる札幌農学校を設立して、イギリス人やアメリカ人の農政家や農学教師を招致《しょうち》します。

みなさんにとって、いちばん馴染みがあるのは札幌農学校に招かれたクラークでしょう。政府は北海道を開拓して、アメリカ式の大規模な農場を導入しようとしました。札幌農学校はそのための人材養成校だったわけです。

大隈財政の失敗

『日本史A』の「殖産興業」で説明されるのは、一八七〇年代までの政策ですが、この時点では、まだ資本主義社会の離陸《テイクオフ》に十分な準備は整っていません。

先述したように、資本主義が動き始めるためには、「労働力の商品化」が必要です。しかし、地租改正が始まったのは一八七三(明治六)年で、ほぼ完了するのは一八八一(明治一四)年ですから、農民層の分解もまだまだこれからという状況でした。

だから、官営模範工場の労働者も、貧しい農家出身の子女ではありません。たとえば富岡製糸場で働いていた女工の中心は士族の子女であり、実態は工場というよりも、実地を兼ねた技術研修です。したがって、富岡の女工たちは、製糸技術を獲得したのち、各地で技術指導をすることが期待されていました。

技術習得が目的ですから、当然、採算は度外視です。ほかの官営事業も同様であり、政府のカネは出ていく一方だったわけです。

しかも、一八七七（明治一〇）年には西南戦争が起きて、戦費がかさむ。殖産興業と戦費調達のために、政府や国立銀行は不換紙幣を増発します。その結果、インフレが起きて、物価は高騰してしまいました。

インフレになると、政府の財政はいっそう苦しくなります。というのは、当時の地租は、物価変動を反映しない定額制だったからです。税金は同じ額しか入ってこないのに、物価が上がる。さらに明治初期から、貿易は輸入超過が続いていたので、国家財政は火の車です。

このインフレ政策による殖産興業を主導していたのは、参議と大蔵卿《きょう》を兼任していた大隈重信でしたから、財政破綻《はたん》を招いたという非難が大隈に浴びせられました。さらに大隈は、当時盛り上がっていた国会開設運動に促され、国会の早期開設も訴えていた。

これに業を煮やしたのが、ドイツ流の専制的な立憲制を漸進《ぜんしん》的に取り入れることを考えていた伊藤博文や岩倉具視《ともみ》です。

そこで伊藤たちは大隈排撃の動きを強めて、一八八一(明治一四)年に、大隈を罷免《ひめん》してしまいます。これが「明治一四年の政変」と呼ばれる出来事です。

松方財政のもとで銀本位制へ

大隈に代わって、一八八一年に大蔵卿に任命されたのが松方正義《まさよし》です。松方は、大隈財政とは打って変わって、デフレ政策を推進しました。

この松方財政が始まる一八八〇年代に、日本経済は資本主義の成立に向けて、大きく動き出します。

まず松方は、徹底的な緊縮財政を実行しました。歳出を徹底的に削減するとともに、物品税を設けて歳入を増やす。そして増えたお金で、正貨《せいか》(銀)を政府のなかに蓄積していくと同時に、増発されていた不換紙幣を消却《しょうきゃく》していくわけです。

たとえば、一八八一年当時、銀貨一円を買うには一・五円の紙幣が必要でした。そこで松方は、不換紙幣の流通量を下げて、銀貨一円の相場を紙幣一円まで下げた。そうすると、銀貨と紙幣の釣り合いがとれるわけです。

そして釣り合いがとれた時点で、銀貨と交換できる兌換《だかん》紙幣を発行すれば銀本位制が確立されます。

そのためには、これまでのように国立銀行（先にも述べましたが、国の運営ではなく、国の法律にもとづいてつくられた民間銀行）が不換紙幣を増発することを禁じなければなりません。そこで一八八二年に国家の中央銀行として日本銀行を設立して、国立銀行の紙幣発行権は停止させます。そして、銀貨と紙幣が釣り合った一八八五（明治一八）年から、日本銀行で兌換券を発行させたのです。

自作農の没落

この松方財政によって、大打撃を受けたのが農民です。

先ほど、地租は定額の金納だと説明しました。定額制の場合、インフレになると税負担は小さくなります。これはわかりますね。去年に比べて二〇パーセントのインフレになったら、売上額は一・二倍になります。でも税は定額で変わらない。だから、手元に残るカネは増えるわけです。

ところが松方デフレは、まったく逆です。価格が下落して売上は小さくなるのに、去年と同じ税を払わなければならない。おまけに増税ですから、農民にとってはダブルパンチでした。その結果、何が起きたか。『日本史A』の記述を見てみましょう。

〔松方正義の緊縮政策下では〕増税に加えて地租は定額金納であったので、デフレーションのもとで農民層の負担は著しく重くなった。地租負担の重圧下で多数の自作農が没落して土地を手放し、小作農に転落した。

一方、地主は所有地の一部を耕作する他は、小作人に貸し与えて高率の現物《げんぶつ》小作料を取り立て、そのかたわら貸金《かしきん》業や酒屋などを営んで、貸金のかたとして土地を集積していった。また土地を失った農民が都市に貧民として流れ込む動きもみられ、さらに下級士族の困窮も激しくなって、社会の動揺はおおいがたいものとなっていった。

（前掲『日本史A』、六一頁）

農民が手放した土地を買い取って、自らは農業に従事せず、高率の小作料で小作人に貸し付ける地主を「寄生地主」と言います。寄生地主は、小作人から利益を吸い取っても、それを農業に投資することはありません。儲けたカネは、別の事業を起こしたり、株式に投資することに使うようになる。つまり、地主のカネは、農業には向かわず、資本となって産業界に流れ込んでいくのです。

と同時に、没落した中小農民は、土地を手放し、都市に流れ込んでいきますから、潜在的な「労働力」が生み出されていくわけです。ここにいたって、「二重の自由」を持ったプロレタリアートの予備軍が登場したのです。

4　日本資本主義はどこが特殊なのか

日本の土地制度改革をどう解釈するか

ここであらためて、日本の土地制度改革について考えてみましょう。

松方財政によって、自作農は没落し、寄生地主の力が強化されていきました。その直接的な原因は、地租改正の際に、小作料を現物納のままにしたことがあります。その結果、日本の農業は、イギリスのようには資本主義化しなかったわけです。

ではこの事実を、どう解釈すればいいでしょうか。

この点に関して、のちにマルクス主義研究者の間で大論争になりました。それが、一九三〇年代に起きた「日本資本主義論争」と呼ばれるものです。論争の詳細な解説は第三章に譲り、ここでは土地制度に関する論点に絞って解説しましょう。

日本資本主義論争とは、簡単に言えば、明治維新は、資本主義をもたらすブルジョア革命だったかどうかをめぐって争われた論争でした。そのときに、地租改正のような土地制度の改革が大きな論点になります。というのは、明治維新がブルジョア革命だとしたら、土地制度の改革によって、農民はイギリスのようにプロレタリアート化するはずだと考えられたからです。

しかし、先述したように、日本では、土地制度改革を行なったあとも、地主と小作人のような封建的な関係はそのまま温存されました。

この事実に対して、「だから、日本ではまだブルジョア革命が起きていないし、資本主義社会は到来していない」と解釈したのが、日本共産党系の「講座派」と呼ばれるグループです。彼らは、明治以降の日本社会は、天皇を頂点とする絶対主義だと位置づけたわけです。

それに対して、非共産党系の「労農派」と呼ばれるグループは、地租改正によって、近代的な土地所有制度が法的に整備されたことを重視します。したがって労農派は、地主の存在は封建制度の残りカスのようなもので、明治から始まるさまざまな改革はブルジョア革命だったと考えた。

講座派という名前は、一九三二（昭和七）年から翌年にかけて刊行された『日本資本主義発達史講座』（岩波書店）という全集から来ています。この全集の執筆者たちが、講座派です。

それに対して、『労農』というタイトルのマルクス主義雑誌があって、そこに寄稿する人たちを労農派と呼びました。

両者の論争が起きた一九三〇年代と言えば、工業の分野では、明らかに資本主義社会になっていました。資本家もいるし、労働者もいる。しかし農業は、資本主義化していない。

そのために、日本が資本主義社会なのかどうかが、大問題になったわけです。

後発資本主義国の特殊性

この論争に対して、講座派とも労農派とも異なる解釈を提出したのが宇野弘蔵でした。宇野の議論を嚙《か》み砕いてみましょう。

講座派と労農派は、一見、鋭く対立しているように見えますが、ある前提は共有しています。それは、どんな国においても、資本主義は一様に形成されていくという前提です。

資本主義のモデルは、もちろんイギリスです。イギリスでは、工業も農業も資本主義化したことで、資本主義社会が成立した。だから、ほかの国々でも同じようなプロセスを経て資本主義社会がつくられていくと考える点では、講座派も労農派も同じです。

しかし、宇野はここに、次のような疑問を持ちました。

最初に資本主義社会をつくりだしたイギリスと、後発で資本主義を導入していく国とでは、資本主義の発展の仕方も違うのではないか、と。

戦後の講演で、宇野は次のように述べています。

たとえば、イギリスのように原始的蓄積をもっと古い時代にやるという場合は、だれかの私有にしただけではちょっと間に合わない。だから農民を追い出して私有するという方法をとるのですね。例のエンクロージャだとか、あるいはクリアリングとかいうことで追い出して私有する、あるいは共同地を私有化する、というふうなことをやる。ところが、日本ではそういうことをやる必要がなかったのです。日本の明治維新というのは、その点では非常に資本主義の発達した段階でおこなわれたものですから、そんなことをやらんでも、土地をだれかの私有にしてしまうだけで、年々農村から過剰人口が出てくる。それで資本主義の発展が可能になるわけです。（宇野弘蔵『資本論に学ぶ』ちくま学芸文庫、一二〇頁）

「原始的蓄積」というのは、資本主義が始まる前に、資本と労働力がプールされていることを言います。工場をつくるにしても、カネと労働力がなければ始められません。イギリスではエンクロージャーの結果、追い出された農民の相当数が労働者になりました。

しかし明治維新というのは、西欧の発達した資本主義を輸入しているから、最初から効率的に運営できる。農民がごっそりと労働者にならなくてもいい。

続けて宇野の言葉を読んでみましょう。

つまり土地が戸主とか長男の私有になっているというと、次三男は田や畑を持つわけにいかないわけですから、過剰人口になって都会へ出てくる、その過剰人口で工業が発展する、こういう関係になるわけです。資本主義の初期のイギリスの状態だと人口自身を非常に必要としたので、農村から追っ払われた人口が過剰人口として工業の人口に入ってくるということが重要だったのでしょうけれども、日本ではそういう必要がなかった。年々二十万人とか三十万人、あるいはそれ以上の人口が都会へ出てくるということで、ことが足りた。これは土地がみんな私有になっていることによっている。これが前提になっているのです。(同前、一二〇頁)

地租改正で、法的には土地は私有になりました。兄弟姉妹がいれば、土地は長男だけのものになりますから、弟や姉妹は農村から出なければいけなくなる。日本の場合、その程度でも、工場は回ったということです。

ここで重要なポイントは、日本のように後発で資本主義を導入する国ほど、純粋な資本主義すなわち原理論的状況とは異なるプロセスを踏んでいくということです。

自営農や地主・小作人が大量にいる社会は、純粋な資本主義ではありません。そこには、日本の特殊な事情があります。

これは日本に限ったことではなく、フランスにもドイツにも、それぞれ特殊な事情があって、それぞれ資本主義社会は違う形でつくられていくわけです。

別の言い方をすれば、日本の資本主義を分析するには、純粋な資本主義の理論をそのまま当てはめるのではなく、日本に特有の事情をふまえなければいけないということです。

一八八〇年代のテイクオフ

もうすこし、時計の針を進めておきましょう。

松方財政から始まる一八八〇年代は、民間企業が次々と勃興していく時期でもありまし

1880年代前後のおもな民間払下げ工場と鉱山

事業所	払下げ年	払下げ先	払下げ価格（円）
高島炭鉱	明治 1874（7）	後藤象二郎、のち三菱	550,000
油戸炭鉱	1884（17）	三菱	27,943
院内銀山	1884（17）	古河	108,977
阿仁銅山	1885（18）	古河	337,766
三池炭鉱	1888（21）	三井	4,590,439
佐渡金山	1896（29）	三菱	2,560,926
生野銀山	1896（29）	三菱	
深川セメント製造所	1884（17）	浅野	61,741
長崎造船所	1887（20）	三菱	459,000
兵庫造船所	1887（20）	川崎	188,029
新町紡績所	1887（20）	三井	141,000
富岡製糸所	1893（26）	三井	121,460

（小林正彬『日本の工業化と官業払下げ――政府と企業』より）

た。

まず、一八八〇年代を通じて、「官から民へ」という動きが加速していきます。

具体的には、政府は、それまで官営で経営していた工場や鉱山、造船所を、三井、三菱といった民間の商人に払い下げていきます。

三井や三菱のように、政府からさまざまな特権を与えられて、資本を蓄積していった実業家を「政商《せいしょう》」と言います。

三井は江戸時代から続く豪商で、明治政府に財政援助をするぐらいでしたから、政府とはベッタリの関係です。三菱も、岩崎弥太郎《やたろう》が海運業に乗り出し、西南戦争の軍事輸送で大儲けしました。

こうした政商に政府から官営事業が払い下げられることによって、民間に資本が蓄積されていきました。

さらに、八〇年代後半は、会社設立ブームが巻き起こり、鉄道や紡績といった分野で株式会社が次々に誕生していきます。そして寄生地主のカネは、こうした株式会社へと投資されていくと同時に、困窮した農村のなかから工場に働きに出る子女が増えていきます。ようやく産業界で「資本の蓄積」や「労働力の商品化」が起きていくわけです。

その意味では、一八八〇年代は国家による地ならしを終えて、日本資本主義が助走を開始した時期と言えるかもしれません。

原理論から段階論へ

ここまで見てきたことからもわかるように、日本資本主義のテイクオフは、西洋の制度や技術を導入しながら、「国家」が強く介入してきた点、農村においては資本主義化が進まなかった点に大きな特徴があります。

しかし、マルクスの『資本論』も、それをふまえた宇野弘蔵の「原理論」も、国家の介在しない純粋な資本主義社会を考察するものですし、先述したように農業も資本主義に組み込まれ、農民はプロレタリアート化するはずでした。

だとすれば、『資本論』をそのまま日本資本主義の分析に適用することはできません。いったい、資本主義と国家はどのような関係にあるのか。そして、後発国であるがゆえの資本主義の特殊性をどのように理解すればいいのでしょうか。

考えてみてください。日本近代の殖産興業は、国家の主導のもとで行なわれました。ならば、国家の介在しない純粋な資本主義社会を想定した原理論とは異なる理論構成が必要となります。そこで、宇野が立てたのが「段階論」という新たなステップでした。

「段階論」については、次章で日本資本主義の本格的な成立を見届けたあとに、考察することにしたいと思います。

■「明治日本」を深く知るための本

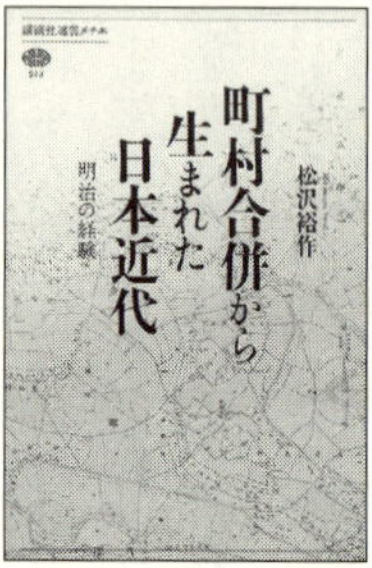

松沢裕作
『町村合併から生まれた日本近代』
講談社選書メチエ
明治初期に段階的に行なわれた町村合併のプロセスを検証し、近世的な身分的共同体がいかに解体され、資本主義にもとづく新秩序がいかに形成されたかを読み解く。資本主義黎明期の問題点を把握する上で欠かせない一冊だ。

竹内　洋
『立志・苦学・出世』
講談社学術文庫
「受験生」を切り口として、明治期から一九八〇年代バブル期までの入試と受験の歴史を描いた一冊。「学術文庫版あとがき」では、現在の受験社会の二層構造化を戦前への「先祖帰り」と読み解く。教育の歴史もまた「反復」しているのだ。

第二章　日本資本主義はいかに成熟したか？

——「恐慌の時代」を読み解く極意

第二章関連年表

年	代	日本の動き
1883	明治16	大阪紡績会社開業
1885	明治18	日本銀行兌換銀券発行
1889	明治22	大日本帝国憲法発布
1890	明治23	日本初の恐慌発生
1894	明治27	日英通商航海条約調印 日清戦争（−95）
1897	明治30	貨幣法公布（金本位制の確立） 労働組合期成会結成 綿糸の輸出が輸入を上回る
1900	明治33	社会主義協会結成 治安警察法制定 北京で義和団事件勃発 資本主義恐慌発生
1901	明治34	八幡製鉄所操業開始 社会民主党結成 北京議定書締結
1904	明治37	日露戦争（−05）
1905	明治38	ポーツマス条約締結
1906	明治39	鉄道国有法制定 南満州鉄道株式会社設立
1907	明治40	戦後恐慌発生
1910	明治43	韓国併合 大逆事件
1911	明治44	日米新通商航海条約（関税自主権回復）締結 工場法公布

1　恐慌から産業革命へ

株式会社設立ブーム

前章では明治維新から一八八〇年代にかけて行なわれた日本の経済政策を参照しながら、資本主義の内在的論理を確認するとともに、日本資本主義の特殊性について考察を進めました。

本章でも、引き続き一八九〇年代の経済史をたどりながら、『資本論』を精緻に体系化した宇野経済学のエッセンスを学んでいきましょう。

まずは、教科書的な経済史の確認から始めます。

前章でも述べたように、一八八〇年代の松方財政、すなわちデフレ政策を通じて、農民層の分解が加速して、潜在的な労働力が生まれるようになります。

一方、産業界でも、官営事業が政商に払い下げられたり、一八八〇年代後半には株式会社設立ブームが起きたりすることで「労働力の商品化」が進み、資本主義システムは徐々に社会に浸透していくようになったわけです。

株式会社設立ブームのときの資本家の中心は、政商、華族と地主です。政商と地主については前章で説明しましたが、華族がなぜ資本家になるのでしょうか。それは、華族が金禄公債《きんろくこうさい》を支給されるようになったからです。

一八七一（明治四）年の廃藩置県後、旧藩主や藩士は当初、政府から家禄《かろく》（給与）が支給されていましたが、この家禄の負担が大きな財政負担となってのしかかっていた。そこで政府は、一八七六（明治九）年に家禄制度を廃止して、大名も含めた旧士族に対して、それぞれの家禄の額に応じて公債を支給することにしました。これが金禄公債です。

といっても、家禄のように定期的に支給するわけじゃありません。金禄公債というのは、いわば武士の退職金です。だから数年分の額の公債を渡してしまう。しかし政府にすべての華族や旧士族に一度に支払う力はないので、五年間は元金を据え置いて、六年目から抽選で償還《しょうかん》していくことになります。支払いは一九〇六（明治三九）年に完了しています。

旧大名の華族はこの金禄公債で、かなりの大金を一度に手に入れた。そこでそれを元手にして、株式会社に投資していったわけです。

はじめての恐慌

こうした資本家たちが、起業ブームに乗って、投資で儲けようとする。この時期から投機的な行為も目立つようになっていきます。

ところが、その熱狂が裏目に出てしまう。一八九〇（明治二三）年に、日本ははじめて恐慌を経験するのです。『日本史A』では、次のように説明されています。

〔会社設立〕ブームは株式払込みの集中にともなう金融逼迫《ひっぱく》と、一八八九（明治二二）年の凶作《きょうさく》や生糸《きいと》輸出の半減とで挫折したが（一八九〇年恐慌）、これを機に日本銀行は、普通銀行を通じて産業界に積極的に資金を供給する態勢をととのえた。（前掲『日本史A』、九〇～九一頁）

非常に圧縮された説明になっているので、噛み砕いてみましょう。

まず「株式払込みの集中にともなう金融逼迫」とは、会社設立にあたって、株式を払い込むための資金需要が巨額すぎて、銀行が資金不足になってしまったということです。

それに重ねて、一八八九年の凶作で穀物輸入が増えたため、カネが海外に出て行ってしまった。だから、さらに資金不足になるわけです。

また、当時の主要産業だった生糸の輸出は、一八九〇年に限って落ち込んでしまいました。そのために価格が下落して、企業の業績も悪化した。

こうした要因が重なって、一八九〇年に恐慌が起きました。具体的には、資金繰りができない銀行や企業は次々と倒産して、株価も暴落した。結果として、ブームに乗ってつくられた泡沫《ほうまつ》会社は淘汰《とうた》され、企業の大規模化が進んでいくことになりました。

紡績業中心の産業革命

一八九〇年恐慌の時代というのは、日本で産業革命が産声《うぶごえ》をあげる時期でもありました。

日本の産業革命については、幕末からの「紡績業」の発展プロセスを押さえることが重要です。

紡績業というのは、綿花を原料に綿糸を生産する産業です。そして、綿糸を綿織物にする産業が綿織物業ということになります。

幕末の開港後、海外からは安い綿織物が入ってきたため、江戸期に発展した国内の綿織物業が衰退してしまいます。綿織物業が衰退すると、それに連鎖して、綿糸と綿花の生産量も落ちる。つまり紡績業も、綿花を栽培する農業部門も衰退してしまうわけです。

この状況に甘んじたままでは、国内で紡績業も綿織物業も発展しないので、近代化ができない。

そこで、綿織物業が動きます。


綿織物業は、幕末以来の綿製品の輸入に圧迫されて一時衰えたが、原料糸に輸入綿糸を用い、手織機《ておりばた》を改良して飛《と》び杼《ひ》を取り入れるようになり、農村での問屋制家内工業を中心に生産はしだいに回復していった。（前掲『日本史A』、九二頁）

綿織物業は、国内の綿糸よりも安価で良質な輸入綿糸を使って、綿製品の生産拡大を図ったわけです。

綿紡績業の発達

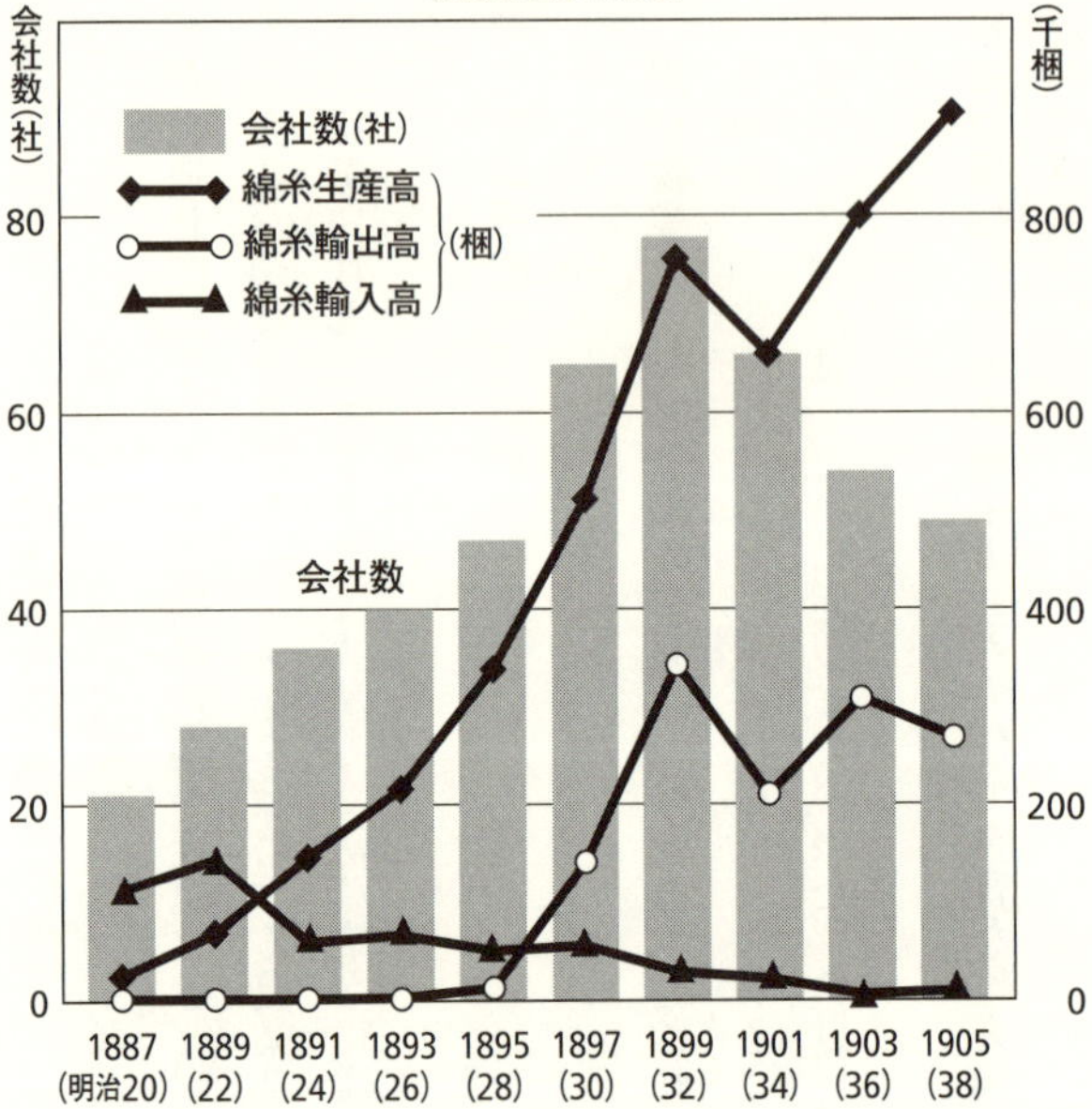

（日本綿業倶楽部編『内外綿業年鑑』昭和７年版より）

すると今度は、綿製品の材料となる綿糸生産の近代化が課題となります。そのブレークスルーを実現したのが、一八八三（明治一六）年に開業した大阪紡績会社でした。

大阪紡績会社の設立にあたっては、渋沢栄一が音頭《おんど》を取って事業計画を練り、華族、政商、地主から出資を募りました。そうして集まった出資金で、イギリス製の最新式紡績機を導入して大規模な工場経営を行ないました。当時では珍しい電灯も設備して、昼夜二交替制の操業も実施した。その結果、これが大成功を収めるわけです。

すると、大阪紡績会社が産業革命の火付け役となって、次々に紡績会社が設立されます。これが先述した株式会社ブームです。あまりに急激に綿糸生産が拡大してしまったために、一八九〇年恐慌の一因ともなりました。

しかし、それは一時的な停滞です。日清戦争（一八九四〜九五）後、紡績業の発展はめざましく、農村での問屋制家内工業に代わって機械紡績が完全にスタンダードになりました。倍々ゲームで生産量が増加するにしたがって、輸入綿糸は減少し、ついに一八九七（明治三〇）年には輸出が輸入を上回るようになります。ここにいたって、軽工業部門では日本資本主義が本格的に成立したと言えるでしょう。

資本主義社会における〈法〉の役割

前項では、日本の紡績業は幕末から発展していったと書きました。

皆さんは疑問を感じるかもしれません。本書ではここまで、明治維新を機に、日本資本主義がテイクオフしていったように記してきました。ところが、すでに幕末から紡績業は発展していたし、第一章でも述べたとおり、江戸時代にも豪商や両替商と呼ばれる金貸しが貨幣を資本として動かしていた。江戸時代にだって資本の運動はあったわけです。そうすると、明治維新をきっかけに日本が資本主義に走り出したような記述はおかしいのではないか？——

私の考えはこうです。

資本の運動はたしかに近代以前からも存在していた。そもそも経済という営みは、人類の誕生とともにあったわけです。人間の経済活動において商品経済は古代からありました。しかし、第一章でも書いたように、労働力の商品化を契機に資本の運動が社会全体に張りめぐらされる。言い換えれば、商品経済が社会全体を隈《くま》なく覆うようになる。ここにいたって資本主義システムが動き出すわけです。そして、システムがひとたび回り出すと、のちに述べる階級関係も再生産されるようになる。

このような資本主義の再生産が本格的になったのは、日本においては、第一章で記したプロセスを経てのこと、すなわち明治維新以降のことだったのです。

資本主義の根底にあるのは、「カネをすこしでも稼ぎたい、カネをすこしでも貯《た》め込みたい」というイデオロギーです。このイデオロギーが社会全体に浸透していくことによって、がんじがらめの鉄の檻《おり》のようなシステムのなかに、人は自らを監禁することになる。すこしでも給料を上げたい、同僚を蹴落としてでも出世したい、自分の子どもをすこしでも偏差値の高い学校に進学させたい。こういった欲望も、資本主義の再生産過程で出てきているわけです。

そして、このイデオロギーは〈法〉、とりわけ民法などの私法によって担保されます。〈法〉によって商品交換の契約を拘束し、宗教・慣習などに囚われずに、社会は経済合理性や市場原理で動いていくことになる。

近代日本においても、資本主義のテイクオフとあわせて徐々に〈法〉が整備されていきました。一八八九（明治二二）年には大日本帝国憲法が発布され、翌一八九〇年には民法の大部分と商法が公布されました。しかし、民法では家族制度についての規定を非難する声も強く、商法についても当時の商慣習と合致していないということもあり、ともに施行までには時間がかかっています。

明治政府が当時の社会情勢をあまり顧《かえり》みず、民法と商法の編纂《へんさん》を急いだことについて、日本史の教科書では「欧米諸国に日本の近代化を示し、条約改正交渉を有利に進めるため」（前掲『日本史A』、六八頁）と解説されています。しかし、それだけではありません。テイクオフしたばかりの日本資本主義には民法や商法の存在が不可欠だったということも忘れてはならないでしょう。

〈法〉の問題をはじめ、資本主義というシステムを客観的に捉える視点は重要です。私たちは働かないと食べていけません。これは間違いのないことです。しかし、資本主義のシステムに囚われると、労働超過に陥《おちい》ったり出世競争に極端な価値を見出す姿勢がいつの間にかつくられてしまう。だからこそ、システムを相対化する必要があるのです。

このことは、第四章でもう一度ふれます。

正反対の恐慌観

さて、日清戦争後に産業革命が達成されると、鉄道や紡績を中心に、再び企業の設立が活発になっていきます。するとまた、一九〇〇（明治三三）年に恐慌が起きます。

この恐慌は、紡績産業の原料となる綿花を大量に輸入したため正貨が国外に流出したことが原因になって起きた「資本主義恐慌」だと一般的には説明されます。しかし、実際はもうすこし複合的な要因がありました。

たとえば綿糸の生産が拡大していた一九〇〇年に、中国で義和団事件が起きる。これは、中国分割を進める列強に対して、秘密結社の義和団が「扶《ふ》清《しん》滅《めつ》洋《よう》」を唱えて起こした排外運動です。この義和団事件の影響で、日本から中国への綿糸の輸出が一時的にストップしてしまい、その結果、紡績業が生産過剰の状態に陥ってしまったわけです。

と同時に、綿糸生産のために、綿花を大量にインドから輸入して、正貨が流出する。しかも株式市場は投資ブームで暴騰していた。こういうことが重なって、一九〇〇年に恐慌が起きて株価は暴落します。企業の倒産が相次ぎ、工場も操業を短縮するといった対応を迫られました。

このあとも日本では、一九〇七（明治四〇）年、一九二〇（大正九）年に恐慌が発生することになります。

ここで考えてみたいのは、「なぜ恐慌は起きるのか」という問題です。

一九世紀以降、欧米の資本主義国でもやはり八〜一〇年間隔で恐慌が発生しました。

正統派のマルクス主義経済学と宇野経済学では恐慌に対する考え方が大きく異なります。正統派にとって、恐慌は資本主義の限界を示すものだから、革命につながる現象として捉えられます。恐慌が起きると、大量に失業者が生まれる。彼らが「資本主義をぶち壊せ！」と立ち上がることで革命が起こり、資本主義は崩壊する。こういう考え方をするわけです。

しかし、宇野経済学の「原理論」では、恐慌は資本主義の崩壊を示すものではありません。それどころか、恐慌を資本主義システムが回り続ける上で必要不可欠の現象であると捉えるのです。

好況と恐慌は循環する

では、宇野の恐慌論のエッセンスを追ってみましょう。

宇野の恐慌論は、好況期から始まることがポイントです。

景気がいいときは、どんどん儲かります。つまり資本が蓄積されていく。そこでさらに生産を拡大するためにどうするかというと、まず雇用を増やそうとするわけです。

でも、もっと雇用したいと思っても、労働力というのは、機械や原料などほかの生産手段と違って、資本でつくりだすことはできません。だから必然的に労働力不足が起きて、賃金が高くなっていきます。

賃金が高くなると利潤率は下がりますから、量を売ることで減った分の利益をカバーしようとします。しかし生産量を増やすには、賃金を上げて労働者を確保しなければならない。そうすると余計、利益が出なくなる。つまり好況というのは、ある段階まで行くと、資本家が儲からないほど、労働者の賃金が高騰してしまうのです。

そこから生まれてくるのが恐慌です。投資するお金はたくさんあるのだけれども、もう儲ける先がなくなってしまう。このように宇野経済学では、労働力不足に対して、資本が過剰にあることが恐慌の根本原因だと考えるわけです。

恐慌が発生すると、会社は倒産し、失業者は街にあふれる。恐慌というのは「パニック」ですから、一時的には非常に悲惨な状態になることは間違いありません。

でも、そこで資本主義は終わったりしません。なぜでしょうか。

恐慌の発生は、それまでの生産方法ではもう利益を上げられないということを意味しています。だったら、生産方法を変えねばならないということで、社会のなかで頭のいい人がイノベーションを起こすのです。

いかにして自分の企業が労働力を使わないで、同じ商品をつくれるかと考え、機械化をしたり生産工程を変えたりして、より少ない労働力で生産できるようにする。そうやって利益を出す過程では、労働者は逆に切り捨てられます。たとえば機械化を図れば、人手は少なくて済む。そういう形で、合理化が進んでいくわけです。

その結果、再び社会には余剰人口が形成されます。と同時に、会社は利益率がよくなるので、儲かり出す。それで再び好況がやって来る。好況になると賃金が上がるから、また恐慌になる。

こういうふうに恐慌とイノベーションを繰り返して、資本主義はあたかも永続するかのごとく続いていく、というのが宇野弘蔵の考え方です。

宇野経済学の「原理論」は、あくまでも純粋な資本主義社会の内在的論理を解き明かしたものですから、そのまま現実の現象に適用することはできません。

しかし、現実の歴史を見ても、恐慌によって資本主義システムが解体することはなく、好況と恐慌を繰り返す景気循環が起きています。

資本主義は永続するかのごとく続いていくという点を見ても、恐慌を革命と結びつけるマルクス主義経済学よりも、宇野弘蔵の恐慌論のほうが「科学的」であることは確かでしょう。

前章で説明したように、資本主義社会は、イギリスで偶然「労働力の商品化」が起きたことによって成立しました。しかし、ひとたび資本主義社会が成立すると、恐慌をイノベーションで乗り越えながら、永続するかのように続くことを宇野の原理論は論証したわけです。

2 明治期のブラック企業

悪化する労働環境

宇野の恐慌論によれば、好況になると論理的には賃金は上がる。でも、これは「労働力が不足すれば」という話であり、労働力がどの程度不足するかは、社会によって異なります。

日本の産業化というのは、欧米の経験を導入することができたので、早い段階から大阪紡績会社のように大規模な工場で生産が可能になりました。

生産の規模が大きければ大きいほど、生産効率がいいので、労働力は少なくて済む。すると、つねに余剰人口がプールされることになりますから、そういう環境では賃金がなかなか上がりません。つまり労働条件が非常に過酷なままで据え置かれやすいということです。

当時の労働者の状況について、『日本史A』は次のように説明しています。

明治の中期以降、工場制工業が勃興し、資本主義が発達するにつれて、賃金労働者が増加してきた。当時の工場労働者の大半は繊維産業に集中しており、その大部分は女性であった。女性労働者の多くは、苦しい家計を助けるために出稼《でかせ》ぎに出た小作農などの下層農家の子女であり、欧米と比べるとはるかに低い賃金できびしい労働に従事していた。

紡績業では二交代制の昼夜業がおこなわれ、製糸業では労働時間は一五時間程度、ときには一八時間におよぶこともあった。（前掲『日本史A』、九八頁）

官営模範工場として採算度外視で営業していたころの富岡製糸場は、一日八時間程度の労働時間で、当時としては先進的な労働環境だったと言われています。しかし工場が民間に払い下げられ、資本主義社会が成立すると、労働環境は急激に悪化しました。

横山源之助が見た「下層社会」

毎日新聞記者の横山源之助は、東京をはじめ各地の労働事情を調査し、みずからも都市下層社会で生活するなど徹底した取材の上で、一八九九（明治三二）年に『日本之下層社会』を刊行しました。そこでは、一八九六～九七年ごろの桐生《きりゅう》や足利《あしかが》の絹織物業の実態が次のように描写されています。

労働時間の如《ごと》き、忙しき時は朝床《とこ》を出でて直《ただち》に業に服し、夜業十二時に及ぶこと稀《まれ》ならず。食物はワリ麦六分に、米四分、寝室は豚小屋に類して醜陋《しゅうろう》見るべからず。特に驚くべきは、その地方の如き、業務の閑《ひま》なる時はまた期を定めて奉公に出だし、収得は雇主これを取る。しかして一カ年支払う賃銀は多きも二十円を出でざるなり。しかしてかれら工女の製糸地方に来たる、機業地もしくは、紡績工場に見ると等しく、募集人の手より来たるは多く、来たりて二、三年なるも、隣町の名さえ知らざるもあり。その地方の者は、身を工女の群に入るるを以《もっ》て茶屋女と一般、堕落《だらく》の境に陥る者となす。もし各種労働に就き、その職工の境遇にして憐れむべき者を挙ぐれば製糸職工第一たるべし。（横山源之助『日本の下層社会』岩波文庫、一七五頁、上記文献よりルビを多く補った）

朝起きてすぐに仕事が始まり、夜の一二時まで働かされる。しかも工場の閑散期には、女工を奉公に出して、その利益は雇用主が取る。働き始めて二年、三年と経つのに、自由な時間などないから隣町の名前さえ知らない工女もいる。この地域の人々は、工女になることは売春婦と同じように堕落した人間だとみなした――。

こうした記述を見ると、当時の製糸工場がいまで言うブラック企業だったことがよくわかります。

生糸は、幕末以来、日本最大の輸出品でした。しかしどれだけ儲かっても、労働者は低賃金のままだったのはなぜか。マルクス経済学から考えれば、理由は明らかです。それは前章で説明したように、賃金が生産の段階で決まってしまうからです。

労働力商品の対価は、本人自身が働き続けられるだけのお金、家族を養って労働者階級を再生産するためのお金、新しい技術にキャッチアップするための自己教育費という三つの要素で決まりました。ところがブラック企業は、二つ目、三つ目はほとんど考慮しない。とにかく労働者自身が死なない程度の賃金を与え、儲けは資本家が総取りしてしまうわけです。

階級意識のめざめ

このように、資本主義が本格的に成立していくと、階級対立が明確になります。つまり、資本家も労働者も階級意識を自覚するようになっていく。実際、日本では日清戦争前後あたりから、資本家に対抗するために労働者の組合がつくられたり、賃上げや待遇改善を求めるストライキが始まるようになる。つまり、労働運動が起きるようになるわけです。

一方、同じ時期に社会主義運動も発生します。一九〇〇（明治三三）年には社会主義協会がつくられて、一九〇一（明治三四）年には日本最初の社会主義政党である社会民主党が結成されました。

ただ、政党のほうは、前年に制定された治安警察法によってすぐに解散を命じられてしまいます。というのも、彼らが掲げた軍備全廃、貴族院廃止、階級の廃止、土地と資本の公有化といった綱領は、政府から見れば明らかにラディカルすぎました。だから、結党二日後には、治安警察法によって禁止処分を受けてしまったのです。

いずれにしても、一八九〇年代から労働運動や社会主義運動が活発化していき、資本家と労働者の対立が先鋭化します。

マルクスの三大階級論

ここで階級の問題を理論的に考えておきましょう。

マルクスの『資本論』の最終巻、第三巻は「諸階級」で終わります。ここでマルクスは、資本主義には資本家、労働者、地主という三つの階級しかないと言います。

> 第五二章　諸階級
>
> 労働賃金、利潤、地代を各自の所得源泉とする、単なる労働力の所有者、資本の所有者、土地所有者、すなわち賃金労働者、資本家、土地所有者は、近代の、資本主義的生産様式に立脚する社会の三大階級をなす。（前掲『資本論（九）』、一一六頁）

資本主義社会のなかで、階級は法的に定められているわけではありません。江戸時代の士農工商は掟《おきて》であって、掟を破ったら罰せられます。

ところが資本主義社会では、人々は掟によって資本家や労働者、地主になるのではない。

なぜか。それは労働力が商品だからです。

商品は、契約自由の原則で売買する。労働者は、嫌ならいつでも労働力を売らない、つまり会社を辞める選択肢があることになっています。だから資本主義は表面上、自由で平等な契約の上になりたっているわけです。

しかし、実態は違う。資本家は利益を出すために、労働力を買い叩きます。したがって、資本家と労働者の契約のなかには搾取される構造が潜んでいる。つまり契約のなかに階級関係が埋め込まれているというのがマルクスの見方です。

資本主義は「環境」に制約される

ただし、『資本論』によると、資本家だけが利益を独占することはできない。資本家は工場をつくるにせよ、店をつくるにせよ、土地を地主から借りなければならない。でも、土地は資本によっても労働によってもつくりだすことはできません。だから地主は土地を持っているだけで、地代収入が入ってきます。つまり土地を持っている者は、土地を資本主義的に使われることの対価として、資本家の利益の一部を分配される仕組みになっているわけです。

この地代の対象は、広い意味での土地であり、水や空気も含めた環境を指しています。環境は、資本によってでも労働によってでもつくりだすことができません。つまり資本主義は、環境に制約される。たとえば、いくら工場を建てて金儲けをしたくても、土地がなければ建てることはできません。これが資本主義の「環境制約性」と呼ばれるものです。

にもかかわらず、土地はあたかも商品経済によって処理できるように考えられている。本来は資本になれないのに、資本であるかのように錯覚させるのが「地代」というものなのです。

三大階級論の盲点

こうしたマルクスの三大階級論は、厳密に考えるとおかしなところもあります。というのも、持っているだけで何らかの収入があるものは地代以外にも、預金の利子や株式の配当など、いろいろとあるからです。これらは本来、資本ではありません。しかし、資本のように利潤を生み出すように見える。こういうフィクションとしての資本を「擬制《ぎせい》資本」と言います。

土地にせよ、株にせよ、それは売買の対象になる商品でもあるわけですから、地主や株主を資本家に含めてしまうという考え方もできる。そうすると、最終的には資本家と労働者の二大階級になるという解釈もできます。

ただ、いずれにしても労働者は、利潤の分配にあずかることはできません。利潤は資本家と地主で分配されるのであって、労働者の賃金は、労働力を再生産するため、つまり本人が働き続け、その家族をぎりぎり養う程度の水準で決まる。しかも資本家がもっと儲けたいと思ったら、明治の女工のように、ぎりぎり生きることができる程度の賃金しか払ってもらえない。

3 商人資本から産業資本、金融資本へ――「段階論」の三つの類型

帝国主義の時代

階級について、もう一つ考えておきたいことは、『資本論』で説明できない階級の存在

です。はたして、公務員や官僚はどう位置づけられるでしょうか。

これはマルクス経済学の理論では説明できない部分なので、私の解釈になります。結論を言うと、公務員は社会に寄生している存在です。社会の外側にいて、国家の暴力を背景に、社会から収奪しているのが官僚という階級なのです。

ここにも、「国家をどう考えるか」という問題が顔を出しています。『資本論』は「社会」を分析した本なので、社会の外側にある国家には分析が及んでいません。だから、国家については、『資本論』とは別に考えなくてはいけないのです。

資本主義社会と国家の関係を考えるときに、避けて通れないのが「帝国主義」の問題です。

日本の明治維新期は、欧米の資本主義が大きく変化する時代でした。

一八六〇~七〇年代の欧米は、重化学工業の技術革新が進む第二次産業革命が進行中でした。とくに、後発資本主義国であるドイツやアメリカは、重化学工業の分野ではイギリスを凌駕《りょうが》する勢いで成長を遂げていた。

しかし一八七三年に大不況が起こり、イギリス経済は大打撃を受けました。倒産や失業も拡大します。さらにこの七三年に始まる大不況は、小さな恐慌を繰り返しながら九六年まで続いていくのです。

この大不況が引き金となり、巨大企業は国家と結びついて、海外進出や植民地の拡大を図ります。つまり、欧米列強が帝国主義へと急速に舵《かじ》を切っていくのが、日本の明治維新期なのです。

別の言い方をすれば、日本は帝国主義時代の真っただなかで、資本主義社会を成立させていったことになります。そもそも幕末に列強と結んだ不平等条約も、帝国主義的な論理が働いています。したがって帝国主義という視点を抜きにして、日本の資本主義を語ることはできません。

そこで、列強の帝国主義を資本主義の問題として考察したレーニンの『帝国主義』が重要になってきます。

マルクスの『資本論』とレーニンの『帝国主義』を比べると、その間には明らかな断絶があります。それが先ほどから繰り返し指摘してきた国家の問題です。

レーニンの『帝国主義』については『世界史の極意』で詳しく解説したので、詳細はそちらに譲ります。ここで注目したいのは、宇野経済学の「段階論」は、宇野がマルクスとレーニンの間にある方法論的な違いに注目して構築した理論だということです。

「段階論」とは何か

宇野経済学では、段階論は経済政策論として論じられます。経済政策を行なう主体は国家です。したがって段階論は、資本主義に対する国家の介入に着目した理論であることがポイントです。原理論は、資本主義が貫徹する「社会」を扱っているから、国家は分析対象から外れます。しかし現実の資本主義には、必ず国家の関与がある。

したがって、レーニンの『帝国主義』をきっかけに、資本主義と国家の関係を考察したものが段階論なのです。

段階論は、「重商主義」「自由主義」「帝国主義」という資本主義の発展段階ごとの特徴に注目します。

まず最初の段階は、国家機能が非常に強い重商主義が起きる。重商主義とは、一六世紀に形成される絶対王政が実行した経済政策であり、国家が商工業を育成し、貿易を振興することを言います。歴史的に見て重商主義の典型国はスペインやポルトガルです。この重商主義はある段階から機能しなくなって、自由主義的な資本主義になる。自由主義の段階では、重商主義のための規制を国家が取っ払っていく。その典型国がイギリスです。

さらに一九世紀の終わりになると、純粋な資本主義は息を潜め、国家が介入してきます。そこで出てきたのが株式資本と資本輸出を中心とする帝国主義です。この帝国主義的な資本主義の典型国がドイツです。ドイツは鉄鋼を基本に工業化に成功、急速な資本主義化を進め、後発国ながら貪欲《どんよく》に植民地を獲得しました。イギリスが一〇〇年かけてやったことを、十数年で成し遂げたわけです。

こんな具合に、典型国を類型化するという形で資本主義を見ていくという考え方を宇野は「段階論」として提出したのです。

日本の資本主義は「ミックス型」

さて、第一章の最後で、日本近代の資本主義を考察するには、国家の介在しない純粋な資本主義社会を想定した原理論とは異なる理論構成が必要であると記しました。

たしかに日本においても、「労働力の商品化」によって資本主義が生み出されていくというのは、原理論のロジックに適《かな》っています。

しかし「労働力の商品化」を準備したのは、国家の官営事業やそれらの民間への払い下げです。したがって、その出発点から国家が強く介入している点では、段階論の考察が必要になるでしょう。

たとえば、日本はほかの後発資本主義国と同様、機械制大工場を早くから導入したため、非常に短期間のうちに産業革命を経験しました。その結果、「労働力の商品化」は純粋な資本主義どおりには進まず、農村では小作人と地主のような封建的な関係が温存されたわけです。

しかも、すでに列強は帝国主義の段階だったため、日本では後述する金融資本の活用も早かった。先にも書いたように、一八八〇年代後半から株式会社ブームが起きています。

したがって近代日本はその出発時点から、理論的には原理論と段階論がミックスされた形で資本主義を成立させていったと言うことができるでしょう。

いうことです。

段階とともに主役も替わる

段階論でポイントになるのが、それぞれの段階でどのような資本が主役を担ったのかということです。

もっとも一般的に経済政策論という場合には、資本主義の発展の段階を規定する、商人資本、産業資本、金融資本の典型的な形態と、それに応ずる重商主義、自由主義、帝国主義の、一般的な政策基準とを解明することになり、いわゆる段階論の基本的規定をなすことになる。（宇野弘蔵『経済原論』岩波全書、一三頁）

重商主義時代の主役は、商人資本です。そこでは国家と商人が結びついて、富を蓄積します。しかし先述したように、商業による資本（富）の蓄積は、生産の外部で行なわれるので、社会全体を資本が覆うことはありません。

それが自由主義的な資本主義になると、主役は産業資本となる。産業資本とは、生産のプロセスに投入される資本のことです。具体的には労働力商品や工場、機械、原材料などを買うために使われる資本のことを指します。

自由主義の段階では、資本は、労働力を搾取することで蓄積されていきます。ですから、労働力の商品化が徹底的に行なわれる。農民層もほぼ完全に分解して、工場労働者や農業労働者となって資本主義に組み込まれていくわけです。

しかし一九世紀終盤から、資本主義は新たなステージを迎えることになります。この時代になると、イギリスを後追いして産業革命を経験したドイツ、フランス、アメリカといった後発資本主義国が世界市場に登場し、競争を繰り広げるようになる。これが帝国主義の段階です。

後発資本主義国は、イギリスの機械工業をそのまま輸入して利用できるため、イギリスとは異なる道のりで資本主義を成立させていきます。その典型国がドイツであり、ドイツは紡績業など軽工業での機械制大工業からスタートして、急速に重化学工業まで発展していきました。

重化学工業は、軽工業にくらべてはるかに巨額の資本を必要とします。では、巨額の資本をどう集めるか。自前の資本だけではまかなえないので、銀行からの長期の融資や株式を利用するようになる。つまり帝国主義の段階では、金融資本の活用が主流になっていくのです。

国家と資本の強い結合

ここで注意しておきたいのは、「段階論」はあくまでそれぞれの時代に特徴的な資本主義のあり方を類型化したものであるということです。ですから、自由主義的な資本主義だからといって、重商主義の側面がまったく消えるということではありません。

このことは現代の資本主義を分析する上でも、非常に重要な視点です。現実の資本主義には、重商主義の側面もあれば、自由主義の側面もある。そのなかでどの側面が大きく出ているかという点に注目して理論化したものが「段階論」なのです。

私自身は先述のとおり、段階論は「国家論」として読み解くことが重要だと考えています。

というのは、宇野自身が段階論を「経済政策論」として展開していることからもわかるように、それぞれの段階に、保護貿易（重商主義）、関税自由化（自由主義）、植民地拡大（帝国主義）など、特徴的な経済政策がある。そしてその経済政策の背後には、必ず国家が存在します。

産業社会には必ず国家が関与し、その関与のしかたによって社会の形も変わってきます。したがって、国家が資本主義とどのように関わっているのかという「国家論」の観点で段階論を読むことが、現実の資本主義社会を分析する上では大切になってくるのです。

以上をふまえたとき、帝国主義の段階というのは、資本と国家が非常に強く結合する時代である点が大きな特徴と言えます。このことは、帝国主義が植民地の争奪戦を繰り広げていくことからも明らかでしょう。

宇野は次のように言います。

イギリス、フランス、ドイツ等の諸国による「世界の分割」は十九世紀七十年代以後資本がそれぞれの国内に留まっていてはもはやより有利に投資されえないという、一般的傾向を背景として生じたものといってよいのであるが、しかしこの「分割」によって与えられた勢力圏は決してその後の資本主義の発展に相応しうるものではなかった。(前掲『経済政策論〔改訂版〕』、二五七頁)

帝国主義段階になると、国内で儲からなくなるので、外へ進出する。経済政策で言えば、関税も強化するし、ダンピング販売も行なう。列強がそうやって世界市場を舞台に競争していくと、経済的な進出以前に、自国の勢力圏として確保したいという欲求が出てきます。そこで列強は、軍事力を用いて世界を分割し、勢力圏を拡大する。

でもこの勢力圏の拡大は、それぞれの列強の資本主義の発展度合いと直接対応するものではなかった。

とくに後発のドイツは、金融資本の形成を通してトップランナーに躍《おど》り出たものの、植民地獲得競争では劣勢でした。そこで国家が前面に出てきて、力づくで他国の植民地を奪おうとする。こうして列強は帝国主義的対立を深め、戦争へと突入していくわけです。

このように、資本と国家が一体となって、植民地競争を繰り広げるのが帝国主義段階の特徴なのです。

純粋資本主義からの逸脱

しかし、ここで疑問が浮かんできます。先ほど重化学工業が中心になる帝国主義の段階では、金融資本が主役になると説明しました。

では、なぜ金融資本が主役の資本主義は、植民地獲得のような政策と結びついていくのでしょうか。

この点が日本の資本主義を理解する上でも非常に重要なので、詳しく考察してみましょう。

重化学工業が産業の中心となる帝国主義段階では、機械設備などの固定資本が非常に巨額になっていきます。

固定資本が大きくなると、金持ちの資本家一人の力では資本をコントロールできなくなってしまう。個人では企業をまかないきれなくなるのです。そうすると、あちこちから資本となる資金を集める必要が生じて、株式の発行が起きます。

このように株式によって資本を集めるようになると、純粋な資本主義の論理が働かなくなるのです。

それはこういうことです。

純粋な資本主義の論理にしたがえば、好況と恐慌を繰り返しながら、社会全体に「労働力の商品化」が貫徹されていくことになります。図式的に言えば、次のようになります。


好況→労働力不足→賃上げ→利益低下→恐慌→イノベーション→好況

このサイクルを通じて、労働力の商品化が拡大していき、社会は資本家、地主、労働者という三階級に完全に分解していくというのが、純粋な資本主義の内在的論理です。

ところが重化学工業のように、株式によってお金を集められるようになると、イノベーション、つまり生産設備の増強が景気の循環に左右されなくなります。

一方では、非常に巨額の設備なので、不況になったからといって、すぐに設備を替えられないという面がある。他方では、株でお金を集めるのだから、儲かっているときに、設備を拡充するということもできる。

とくにドイツのような後発資本主義国では、最初から大規模な機械制大工業からスタートしているので、純粋な資本主義からはかなり逸脱《いつだつ》しています。たとえば、最初から大工場で生産する場合、そこで必要な労働者をいったん確保したら、それ以上はなかなか「労働力の商品化」が進まない。だからイギリスとは異なり、農民層の分解も不完全で、古い時代の制度や人間関係も残したまま、資本主義が発展していくことになります。

ですから金融資本のもとでは、労働力の商品化が停滞するベクトルが出てくることになる。これは、資本主義が発展していけばいくほど、労働力の商品化が進むという、純粋な資本主義の論理とは反対の動きが出てくるということです。

なぜ独占資本が形成されるのか

こうした株式会社が中心の資本主義では、銀行と企業が強く結びついていくようになります。たとえば、銀行が企業の株式を発行する業務を担うことで、銀行と特定の企業との間に長期的な関係がつくられていく。簡単に言うと、モノ言う銀行になっていくわけです。

しかし、企業の株式発行を担えるような銀行は、一部の大銀行に限られます。そして、そういう大銀行は、複数の会社に対して影響力を発揮するようになる。

すると、大銀行は高い利潤を得るために、企業の合併や集中を促進する役割も担うようになります。こうして、大企業が中小企業を合併・吸収して、生産面でも資本（設備や資金）面でも巨大企業による独占化が進んでいきます。

中小企業が大企業に合併・吸収されていくにしたがい、銀行の側も集中が進みます。すなわち、中小の銀行が大銀行に組み込まれ、大銀行（銀行資本）は大企業（産業資本）との結びつきをさらに強めていくのです。

銀行と株式会社との関係は、すでに株式会社が大規模化するとともに銀行自身をも小銀行の集中によってでも大規模化せずにはいないのであるが、産業銀行的業務の発展とともにそれは決定的になる。大銀行と大会社との密接なる関係は、地方的な小企業に結合せられる地方小銀行にとってはなしえない金融的援助を大企業に与えるのであって、小企業とともに小銀行は没落せざるをえない。少数の大銀行は多くはそういう小銀行を集中しつつ形成され、中央の金融市場に本拠をおいて全国的に拡がる支店

網を確立するのである。（前掲『経済政策論〔改訂版〕』、一七五頁）

こうした形で、大企業と大銀行が結合しながら独占化が進んでいくと、資本家はどうなるでしょうか。

株式で資本を集めるようになると、圧倒的多数の零細《れいさい》株主と大株主とに分かれていきます。零細株主は配当収入を期待するだけですから、経営には無関心です。そうすると大株主は、少ない資本でも株式会社を支配できるようになります。たとえば、零細株主が九割であれば、一割の株を持つだけで、経営の実権を握ることができるわけです。

しかも株式というのは、個人だけが買うのではなく、会社でも買うことができます。だから大企業や大銀行は、ほかの株式会社の株式を所有することで、自社の傘下《さんか》に置くことができる。そうやってできあがるのが、コンツェルンや財閥です。

金融資本の海外進出

宇野は、このように株式による支配が集中することで、資本主義は金融が支配するようになると言います。

株式会社の株式会社という株式会社形式の二重、三重の構造は、産業企業が単に株式会社形式をとるという場合より一層その支配権を集中するとともに、その支配の内容を金融的にせずにはいない。（前掲『経済政策論〔改訂版〕』、一八二頁）

このような金融資本による支配が集中する結果、「金融資本は一国の利益を代表しうるものであるかのごとき幻想」（同前、一九〇頁）まで生まれてくると宇野は言います。

そして金融資本が支配する独占的な組織は、次第に海外に利益を求めて資本を輸出するようになる。

資本輸出とは、外国の政府や企業に対して、借款《しゃっかん》、公債、社債などの形で資本を貸し付けたり（間接投資）、外国に工場や道路を建設したりすること（直接投資）です。

一国の利益を代表する金融資本が、資本輸出を通じて海外で利益を得ようとする。それを「国益」と捉えた国家もまた、歩調を合わせるように植民地主義を展開していく。これが宇野が描いた帝国主義段階のロジックです。

4 財閥登場――帝国主義段階への移行

日本資本主義の変則的発展

ここで日本の資本主義に戻りましょう。

先に、日本は一八八〇年代まで原理論と段階論をミックスさせた形で資本主義を駆動させたと記しましたが、その後の資本主義の発展も、非典型的な道をたどります。日本で重工業が形成されるのは、一九〇〇年代です。ここでも資本主義の発展をリードしたのは政府でした。

まず一九〇一（明治三四）年に、官営の八幡製鉄所を開業して、鉄鋼の生産に乗り出します。そして日露戦争（一九〇四〜〇五）によって満州（中国東北部）の鉄や石炭資源を確保すると、製鉄・造船・機械工業が急速に発展していきました。

日本の場合、重工業は軽工業以上に官営軍事工場の比重が大きいことも特徴です。一九〇六（明治三九）年に設立された南満州鉄道株式会社は半官半民でした。同年には鉄道国有法を交付して、軍事・経済的な点から民営鉄道一七社を買収して国有としました。

こうした国家主導の産業育成は、三段階論で言えば、重商主義に近い。ここでも段階論は、「段階」よりも国家論の類型として見たほうが、分析には有効であることがわかると思います。

労働政策のアメとムチ

一方で、帝国主義段階的な特徴もこのころから強く出てきます。それが財閥の形成です。『日本史A』には次のように説明されています。

一方、財閥は金融・貿易・運輸・鉱山業などを中心に経営の多角化を進め、組織を整備した。まず一九〇九（明治四二）年、三井財閥が三井合名会社を設立し、そののち一九二〇年代初めにかけて、安田・三菱・住友の各財閥も安田保善社《ほぜんしゃ》・三菱合資会

社・住友合資会社などの持株会社を頂点とするコンツェルンの形をととのえた。（前掲『日本史A』、九六頁）

財閥による資本の独占が進んだ背景には、一九〇七（明治四〇）年の恐慌があります。日露戦争後、一時的には好況に沸いたものの、この恐慌によって企業や銀行の倒産が相次ぎ、企業の合併・吸収が進んでいきます。

このプロセスのなかで、大企業による独占の傾向が強まり、産業界を支配する独占資本が形成されていくわけです。

この恐慌を皮切りに、日本は慢性的な不況に陥ります。そのため、農村の困窮は深刻化し、官営軍事工場や鉱山では労働争議が多発するようになります。

しかしここでも、国家が社会主義を弾圧すると同時に、階級対立の緩和を目論《もくろ》みます。具体的には一九一〇（明治四三）年に、天皇暗殺を企《くわだ》てたとして、無政府主義者や社会主義者を一斉に逮捕し、幸徳秋水《しゅうすい》ら一二名が翌年死刑に処されました（大逆《たいぎゃく》事件）。そしてこの一九一一（明治四四）年には、警視庁のなかに特別高等課（特高）という思想警察が設置されます。

これがムチだとすれば、アメは一九一一年の工場法です。『日本史A』の記述を見てみましょう。

この法律には、労働者の生活状態の悪化が生産能率を低下させないようにすること、階級対立の激化による社会秩序の混乱を防ごうとすることなどの社会政策的なねらいがあった。少年・女性の就業時間の限度を一二時間として深夜業を禁止したが、法の適用範囲は一五人以上を使用する工場に限られ、製糸業などに一四時間労働を、紡績業に期限つきながら深夜業を認めるなど、内容的に不徹底なものであった。（前掲『日本史A』、一〇〇頁）

資本主義と国家の関係がよくわかる記述です。国家は、自らの存続が脅《おびや》かされる場面では、敵対する集団を、暴力を行使して抑え込む。しかし同時にその予防策として、資本の利益をある程度犠牲にしても、労働者階級を保護する政策もとる。

ただし、このような政策をとるのは、労働者を大切にしたいからではありません。あくまでも国家の生存にとって必要だから、資本に介入するのです。

その程度のものだから、内容的には不徹底なものになるし、資本家の反対もあって施行は一九一六（大正五）年までずれ込みました。

以上は、宇野経済学の「現状分析」という理論にもとづいた私の考察です。宇野にとって、一九一七年のロシア社会主義革命以降の資本主義は、原理論、段階論をふまえた「現状分析」の課題とされました。

そこで次章では、宇野の「現状分析」という視点から、第一世界大戦以後の日本経済の進展を見ていくことにしましょう。

■資本主義と恐慌の本質を理解するための本

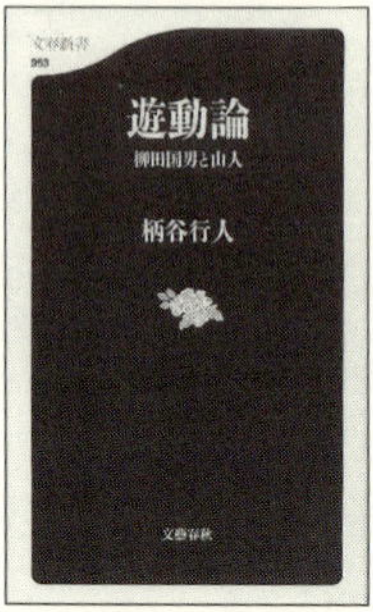

柄谷行人
『遊動論』
文春新書

国家と資本を乗り越える共同体のありかたを、柳田国男が「山人」を導きに追い求めていたことを説得的に示す。付論「二種類の遊動性」では、柄谷の思想の核心をなす「交換様式の四形態」のエッセンスが明快にまとめられている。

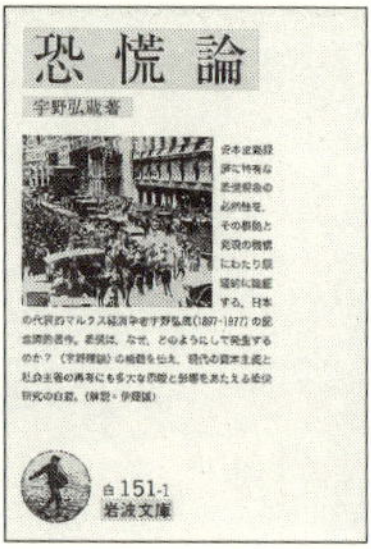

宇野弘蔵
『恐慌論』
岩波文庫

恐慌が資本主義の矛盾を解消する形式であることを理論的に解明した名著。同時に、国家が経済過程に介入する状況での恐慌についても、示唆に富む指摘が多い。バブル崩壊がもたらす金融危機を読み解く上でも、参考になるだろう。

第三章　国家はいかに資本に介入したか？

――「帝国主義の時代」を読み解く極意

第三章関連年表

年	代	日本の動き	世界の動き
1914	大正3		第一次世界大戦(−18)
1917	大正6	金輸出禁止	ロシア革命
1920	大正9	株価暴落による戦後恐慌発生	
1923	大正12	関東大震災	
1925	大正14	治安維持法公布	
1927	昭和2	金融恐慌発生	
1929	昭和4	浜口内閣成立、緊縮政策	世界恐慌発生
1930	昭和5	金輸出解禁	
1931	昭和6	重要産業統制法公布 満州事変 金輸出再禁止(金本位制度から管理通貨制度へ移行)	
1932	昭和7	血盟団事件 満州国建国宣言 5.15事件	
1933	昭和8	国際連盟脱退	米、ニューディール政策開始
1936	昭和11	2.26事件	
1937	昭和12	日中戦争(−45) 国民精神総動員運動	
1938	昭和13	国家総動員法制定	
1939	昭和14	米、日米通商航海条約廃棄通告	第二次世界大戦(−45)
1941	昭和16	対日経済制裁極まる 太平洋戦争(−45)	
1942	昭和17	日本銀行法公布	
1945	昭和20	終戦	

1　バブル経済から金融恐慌へ——第一次世界大戦期の日本経済

日本の帝国主義をどう見るか

　前章で見たように、帝国主義の段階では、金融資本が支配的となって企業や銀行の独占が進んでいきます。そして大企業と大銀行が結びついて、巨大企業が経済界を支配する独占資本が形成されるようになる。こうした独占資本は、自国内で有利な投資先が見出せなくなると、海外に市場を求めて資本輸出を積極的に行ないます。それをアシストするように、国家は植民地を拡大していく。そういう時代のまっただなかで、日本の資本主義は形成されていったわけです。

　その道のりも当然、純粋な論理からは外れる側面が多く見られます。だから日本の資本主義を『資本論』のシナリオに当てはめると、必ず分析に無理が生じてしまう。そこで本書でも、近代日本の資本主義のうち、「原理論」として考察すべき側面と、「段階論」として考察すべき側面に留意しながら、その成立過程をたどってきました。

大きな見取り図としては、一八九四〜九五（明治二七〜二八）年の日清戦争前後に日本の資本主義は本格的に成立し、一九〇四〜〇五（明治三七〜三八）年の日露戦争を経て、重化学工業の発展や財閥形成など、帝国主義段階の特徴が目立つようになってきたと言えます。

海外進出という点でも、日清戦争では台湾・澎湖《ほうこ》列島が割譲され、日露戦争では旅順・大連の租借権と南満州鉄道株式会社の経営権が譲渡されます。そして一九一〇（明治四三）年には、韓国を併合する。

ただし日本の場合、欧米列強のような資本輸出はあまり行なわれません。『日本史A』では次のように説明されています。

日露戦争後には、対満州の綿布《めんぷ》輸出・大豆粕《かす》輸入、対朝鮮の綿布移出・米移入、対台湾の米・原料糖移入が増え、日本経済における植民地の役割が大きくなった。（前掲『日本史A』、九七頁）

このように日本の植民地は、食料の確保と工業製品の輸出（移出）市場という役割が中心であり、植民地に投資をして儲けるという資本輸出はあまり見られませんでした。

なぜか。資本輸出をするためには、国内に余剰資本がなければいけません。しかし日本は、日露戦争の戦費や戦後の軍事費のかなりの部分を外国債でまかなっており、国家財政に余裕がありません。ですから満鉄の営業資金も、イギリスで社債を発行して調達しましたし、国内でも日本製鋼所のように、外国資本と提携する会社が数多くありました。

さらに重工業が発達したといっても、まだまだ産業の中心は軽工業でしたから、レーニンあるいは宇野経済学の「帝国主義」の規定を満たしていない要素もかなりあったわけです。

ですから、日本がいつから帝国主義の段階に入ったかという点については、マルクス経済学者の間でもさまざまな見方があります。

しかしその転換点を厳密に定めることは、あまり実のある議論ではありません。前章で述べたように、宇野の段階論は「国家論」の類型として読み替えたほうが応用が効く。したがって日本の帝国主義も、「国家論としての段階論」に照らすことで、その特徴を浮き彫りにすることができるのです。

「どんなボロ船でもひっぱりダコ」――海運・造船バブル

以上をふまえて、日本資本主義の発展を具体的に追ってみましょう。

一九〇七（明治四〇）年の恐慌以降、日本は慢性的な不況期に入ったことは前章で述べました。それが大きく変わるのは、第一次世界大戦の時期です。

> 第一次世界大戦は、明治末期からの不況と財政危機とを一挙に吹きとばした。日本は、英・仏・露などの連合国には軍需品を、ヨーロッパ列強が後退したアジア市場には綿糸・綿織物などを、また戦争景気のアメリカ市場には生糸などを輸出し、貿易は大幅な輸出超過となった。こうして、一九一四（大正三）年に一一億円の債務国であった日本は、一九二〇（大正九）年には二七億円以上の債権国になった。（前掲『日本史A』、一二四～一二五頁）

「一挙に吹きとばした」という表現からも、その好況ぶりがわかると思います。要するに、戦争バブルが起きたわけです。

とくに戦争中は、世界的に船舶不足が起きたため、海運業や造船業が飛躍的に成長して、船成金が続々と生まれます。この海運・造船バブルについては、山川出版社が出している学習参考書『詳説　日本史研究』で具体的な数字とともに次のように説明されています。

どんなボロ船でもひっぱりダコで、大戦前一トンあたり三円程度だったチャーター料は一九一七年には四〇～四五円に暴騰し、船の建造価格も一トンあたり五〇円程度から最高一〇〇〇円近くまで上昇したというから、海運業者・造船業者は笑いが止まらなかったであろう。日本郵船会社は、一九一四年の純益四八四万円が一九一八年には八六三一万円に達し、同年下半期には株主に一一割の配当をしている。（『詳説　日本史研究』山川出版社、四一一～四一二頁）

この記述の後には、船成金の代表として、のちに政治家になる内田信也《のぶや》が例に挙がっています。内田は、大戦勃発の年に資本金二万円足らず、チャーター船一隻で汽船会社を開業した。それが、大戦が終わった翌年には資産はおよそ七〇〇〇万円、現在の貨幣価値では一五〇〇～二〇〇〇億円になったと言います。

格差の急激な拡大

こうしたバブル経済のなかで、鉄鋼、化学工業、電力業もめざましい発展を遂げました。重要なのは、『日本史A』の次の一節です。先の引用部分を受けて、次のように書かれています。

その結果、重化学工業は工業生産額のうち三〇%の比重を占めるようになった。輸出の拡大に刺激された繊維産業も活況を呈し、中国で工場経営をおこなう紡績業（在《ざい》華紡《かぼう》）も急拡大した。

工業の躍進によって、工業（工場）生産額は農業生産額を追いこした。工場労働者数は大戦前の一・五倍に増えて一五〇万人をこえ、中でも男性労働者は重化学工業の発展により倍増して、女性労働者の数にせまった。それでも、工業人口は農業人口の半数以下にすぎなかった。（前掲『日本史A』、一二五頁）

この時期に、ようやく日本は資本輸出を行なうようになります。とくに紡績業は、安い労働力を求めて、中国に次々と工場を建てていきます。

工場労働者も増えて、「労働力の商品化」がさらに社会を覆っていくことになる。しかし本業として見ると、農業人口のほうが多い。農業に関しては、地主―小作人の関係が温存されていますから、貧しい農民にトリクルダウン（富裕層が豊かになったあと、貧しい者にも富が行きわたること）は起きないわけです。

では、工場労働者の賃金はどうだったかというと、ここでもトリクルダウンは起きていません。大戦景気で物価は急騰して、景気はよくなるかに見えますが、労働者の実質賃金はむしろ減っています。したがって格差も急激に拡大していくわけです。

その理由は明らかでしょう。一章で説明したように、労働者の賃金は、利益の分配として支払われるものではないからです。

資本家は、商品の生産に必要な材料として労働力を購入しているにすぎません。材料費なのだから、安ければ安いほどいい。だから、未曽有《みぞう》のバブルが起きても、労働者はその恩恵にあずかることはできないのです。

当時ベストセラーとなった河上肇《はじめ》の『貧乏物語』（一九一七〔大正六〕年刊行）は、この時代の労働者が陥っていた貧困の現状や原因、処方箋を論じたものであり、以降の社会主義運動や大正デモクラシーにも大きな影響を与えました。

金融恐慌を機にコンツェルン登場

しかも、大戦バブルは一時的なものにすぎません。バブル経済は必ず崩壊し、経済構造の転換が促されることになります。

第一次世界大戦が終結してヨーロッパ諸国の復興が進み、その商品がアジア市場に再登場してくると、開戦以来の好景気とは打ってかわって、日本経済は苦境に立たされることになった。（中略）一九二〇（大正九）年には、株価の暴落を口火に欧米に先

んじて戦後恐慌が発生し、綿糸・生糸の相場は半値以下に暴落した。（前掲『日本史A』、一三七頁）

大戦期の貿易黒字も、一九一九（大正八）年には輸入超過に転じてしまいます。この戦後恐慌に追い打ちをかけたのが、一九二三（大正一二）年の関東大震災です。

この関東大震災の影響で、銀行破綻が続出します。具体的にはこういうことです。震災によって、企業は事業どころではありません。そのため、銀行は手持ちの割引手形の決済ができなくなります。

割引手形というのは、決済日以前に、銀行が利子率や手数料を割り引いて企業から買い取った手形のことです。だから決済日になったら、手形を発行した企業が銀行に決済することで手形の取引は完了します。

ところが震災が起きたことで、こういう割引手形の決済ができなくなってしまった。つまり、手形を発行した企業がお金を払えなくなったわけです。

これを放置したら、不渡り手形を出した企業や不良手形を抱えている銀行が連鎖的に倒産してしまいます。そこで政府は、日本銀行に特別融資をさせて、連鎖倒産を防ごうとしました。ようするに日銀が、銀行の割引手形を一時的に買い取ったわけです。

ただ、これは日銀が無条件に手形を買い取ったわけではありません。銀行は、一定の期間内で、手形を発行した企業からお金を回収して、日銀に返す必要があります。それでもすべては回収できないことを見込んで、一億円までの損失は政府が日銀に補償することになっていました。

ところがフタを開けてみると、特別融資の額は一九二四（大正一三）年三月末までに四億三〇八二万円にのぼり、そのうち一九二六（昭和元）年末時点で二億六八〇〇万円が未決済のままだった。

そこで、当時の若槻《わかつき》礼次郎内閣は、この未決済の震災手形を処理するための法案を議会に提出しました。ここで大きなアクシデントが起きてしまう。審議が進むにつれて、中小銀行が不良貸付をしていることが明らかになったのですが、そのときの大蔵大臣である片岡直温《なおはる》から、ある銀行が破綻したという失言が出て、取り付け騒ぎが起こってしまったのです。

日本史の教科書には、このときに、払い戻しを求めて銀行に押し寄せる預金者たちの写真が掲載されています。この騒ぎを発端に、大手の銀行も含めて次々と銀行が休業してしまう。これが一九二七（昭和二）年の金融恐慌です。

では、この金融恐慌が沈静化したあと、何が起きたでしょうか。

金融恐慌の過程で、中小銀行の整理・合併が進み、預金は大銀行に集中し、三井・三菱・住友・安田・第一の五大銀行が支配的な地位を占めた。三菱と憲政会（立憲民政党）、三井と立憲政友会とのつながりは世間に知られており、政党に対する反感を強める一因となった。

こうして日本経済においては、独占資本・金融資本が支配的な地位を占めるようになった。（前掲『日本史A』、一三八〜一三九頁）

多くの中小銀行は、大銀行に整理・統合されていきます。同時に、大銀行を中心とする財閥は、さまざまな産業分野を傘下におさめて、多角経営をするコンツェルンに発展する。

先述したように、資本の輸出も活発化していきますから、この金融恐慌を通じて、日本の資本主義は帝国主義的な様相を深めていくわけです。

2　世界恐慌は日本経済をどう変えたのか

ロシア革命のインパクト

世界に目を転じると、大戦期にはその後の資本主義を大きく変質させる「革命」が起きました。それが、一九一七年のロシア社会主義革命です。理論だけの話であった社会主義国家が、現実に誕生した。それが資本主義国家に対して与える危機感は計り知れないものがありました。

宇野弘蔵とその弟子たちも、この事実を重く見ます。それゆえ一九一七年のロシア社会主義革命以降の資本主義経済を、原理論、段階論をふまえた「現状分析」の課題として設定したのです。

このように説明すると、「ロシア革命以降は、帝国主義ではないのか？」と疑問に思う人もいるかもしれませんが、そうではありません。

先述したように、段階論は、資本主義の典型的な変化を類型化した理論です。したがって、一九一七年以降も帝国主義的側面が消えるわけではない。実際、帝国主義の特徴である金融資本の支配は、それ以後も続きます。ただ同時に、帝国主義という分析だけでは捉えきれない面もたくさん出てくる。社会主義国家が現実に誕生したことで、資本主義もより複雑な変化をしていくわけです。

そうなると、原理論や段階論だけでは、手に負えない。原理論と段階論をふまえた上で、現在進行形のさまざまな事象の分析も総合して、はじめて同時代の経済に対する現状分析ができるようになるわけです。

国家独占資本主義とは何か

こうした宇野の方法論は、宇野学派と呼ばれるマルクス経済学の研究者たちにも踏襲されていきます。この宇野学派による研究成果の一つが「国家独占資本主義」という概念です。

国家独占資本主義は「現状分析の対象となる一九一七年以降の資本主義の特徴をどのように捉えたらいいのか」という問題意識から提出された概念であり、日本では、東京大学名誉教授の大内力《つとむ》の研究が有名です。

そのあらましだけ説明しておきましょう。

ロシア革命以前と以後で、資本主義はどう違うのか。簡単に言えば、資本主義に対抗するシステムが現れたということです。だからロシア革命以降、資本主義体制にとっては、社会主義革命を阻止《そし》することが第一義的な課題となります。

社会主義革命を阻止するために、資本家側は労働者階級に譲歩する。たとえば労働力商品の価格（賃金）を引き上げ、また社会的弱者を保護する社会福祉政策を行なう。

これらは、すべて革命を阻止するという資本家側の利害に導かれているのですが、個別の資本家は、賃上げや社会福祉政策による労働者階級への譲歩は、自らの剰余価値の減少をともなうので抵抗します。

そこで暴力装置によって裏打ちされた国家が乗り出してきて、資本に譲歩を迫るのです。資本主義システムを維持するために、個別資本の利益を毀損《きそん》する政策を、国家が強要するようになる。

ここにおいては、国家という暴力が資本の暴力を抑え込み、そのことで結果として労働者のプラスになるようにする。しかし、それは善意からではなく、資本主義システムを維持することが国家にとって得だから行なうのです。

このように、社会主義への対抗として、国家が資本に強く介入する資本主義のあり方を国家独占資本主義といいます。そして、この国家独占資本主義の特徴が強く現れるきっかけとなったのが、一九二九年の世界恐慌でした。

一九二九年恐慌以降の世界経済

世界恐慌に対して、アメリカではローズヴェルト大統領のもとで、ニューディール政策が実施されました。すなわち国家が経済に強く介入して、失業者救済のための公共事業や経済復興のための産業統制を積極的に推進していった。さらに労働保護立法や社会保障制度など、労働者や農民の福祉向上を図る政策も実現していくわけです。

一方、ナチス・ドイツも大規模な土木工事を実施して、失業者を急速に減らしていきました。その意味で、ナチスもまた国家独占資本主義の一形態です。

さらにこの恐慌で金本位制は崩れ、管理通貨制度へと移行しました。管理通貨制度とは、国が通貨流通量をコントロールしようとする制度です。つまり、経済の根幹を国が握ることを意味します。しかし、通貨を人為的に管理することはできません。したがって「管理できない管理通貨制度」という特徴を帯びることになります。

前章で述べたように、金融資本が支配する帝国主義のもとでは、恐慌の周期性は失われます。したがって国家は恐慌を避けるために、それまで以上に資本主義に強く介入するようになる。一九二九年の世界恐慌を経験した国々は、それぞれ恐慌からの回復と、新たな恐慌回避のために、強力に資本をコントロールするようになるのです。その結果、世界はブロック経済へと移行し、それが戦争の招来へと結びついていきました。

こうした動向からもわかるように、世界恐慌への対応として、国家が経済をコントロールするようになり、それが戦後の福祉政策などにも接続していきます。そのため、国家独占資本主義への決定的な転換点を世界恐慌に求める議論が主流なのです。

金輸出解禁という失策

では、日本はどうだったでしょうか。結論から言うと、日本は世界恐慌の影響を過小評価したために、壊滅的なダメージを負うことになります。

具体的にはこういうことです。

日本は、一八九七（明治三〇）年に金本位制を確立しました。金本位制のもとでは、国家間の決済を金でやりとりすることもできます。たとえば輸入の決済を金で払ってもいいわけです。

ところが第一次世界大戦が始まると、欧米は次々と金輸出を禁止していきます。というのは戦争になって、物資の輸入が急増したからです。金があまりに流出すれば、経済は弱体化してしまう。それを防ぐために金の輸出を禁じて、一時的に金本位制から離脱したのです。日本は大戦景気に沸いていたのですが、列国にならって一九一七（大正六）年に金輸出を禁止しました。

そのなかで、大戦が終わると、欧米各国は次々と金本位制に復帰します。しかし日本は、戦後恐慌や震災後の金融恐慌の影響で、経済が不安定となり、金輸出を解禁しないままでした。

一九二〇年代の立て続く不況を立て直すために、政府は日銀券を増発したので、経済はインフレになっていきました。その上、金本位制に復帰できないのですから、為替相場は不安定となり、貿易は振るいません。さらに為替相場が不安定なまま、円の価値は下落していく。しかし円安でも、日本の産業の国際競争力が弱かったため、輸出は伸びない。

こうした状況のなかで、財界から政府に強い要望が出されます。

日本の産業界は、金融恐慌を通じて、財閥コンツェルンが形成されていったことはすでに述べました。

財閥を中心に資本は蓄積していきます。しかし不況なので、資本は過剰状態です。そこで財界は、政府に経済再建を求める。具体的には、金輸出の解禁や産業界の整理を求めました。

その声に合わせて、一九二九（昭和四）年に成立した立憲民政党の浜口雄《お》幸《さち》内閣は、緊縮政策を実施して、産業合理化を図ります。同時に、一九三〇（昭和五）年一月から金輸

明治以降の日本の通貨制度の変遷

元号	年	出来事
明治	1871年	新貨条例公布（「円」制定）
明治	1882年	⇒日本銀行設立
明治	1897年	⇒貨幣法公布（金本位制度成立）
大正	1917年	⇒第一次大戦の影響で金輸出禁止（金本位制度停止）
昭和	1930年	⇒景気回復策のため金輸出解禁
昭和	1931年	⇒世界恐慌の影響で金輸出再禁止／管理通貨制度へ移行
昭和	1938年	⇒臨時通貨法公布
昭和	1942年	⇒日本銀行法公布
昭和	1946年	⇒新円切り替え
昭和	1949年	⇒固定相場制に移行／単一為替レート設定（1ドル360円）
昭和	1973年	⇒変動相場制に移行
昭和	1987年	⇒「通貨の単位及び貨幣の発行等に関する法律」制定

出を解禁しました。

そこに襲ってきたのが、アメリカ発の世界恐慌です。『日本史A』の記述を読んでみましょう。

> 金解禁を実施したちょうどその頃、一九二九年一〇月にニューヨークのウォール街で始まった株価暴落を契機に世界恐慌が発生していたため、日本経済は解禁による不況とあわせて二重の打撃を受け、深刻な恐慌状態におちいった（昭和恐慌）。輸出が大きく減少し、正貨は大量に海外に流出して企業の操業短縮・倒産があいつぎ、産業合理化による賃金引下げや人員整理がおこなわれて失業者が増大した。政府は一九三一（昭和六）年、重要産業統制法を制定して指定産業での不況カルテルの結成を容認したが、これは統制経済の先がけとなった。（前掲『日本史A』、一三九頁）

ただでさえデフレ政策で、国内は不況が強まっています。実質的には円高の状態だったため、海外製品が安くなり、輸入が強まります。そこに世界恐慌が起きたわけです。

世界恐慌によって、海外製品の物価が大幅に下落します。そのため、日本には外国製品が押し寄せるように入ってきてしまった。そんな状況で金輸出を解禁したため、金がどんどん海外に流出してしまったのです。

日本の金輸出解禁の実施は、「嵐のなかで雨戸をあける」と喩《たと》えられています。世界恐慌という嵐が吹いているのに、雨戸をあけて金解禁に踏み切ってしまった。そのため、家のなかの金が次々と外に出てしまったわけです。

恐慌のダメージが深刻になっていくなかで、政府は一九三一年に重要産業統制法を公布して、カルテル結成を促します。カルテルというのは、同業の複数企業が、商品の価格や生産量などについて協定を結ぶことです。カルテルを結ぶということは、企業の自由競争を制限して、有力企業による利益独占を認めることになる。それを政府が促すのですから、これは統制経済の第一歩となりました。

インフレと円安で輸出急増

世界恐慌は、日本の農村も直撃しました。とくに生糸の価格暴落に連動して、繭《まゆ》の価格が暴落した。そのため、農民にとって重要な現金収入源だった養蚕業が壊滅的な打撃を受けてしまいます。

都市の工場労働者は、職を失って農村に帰っていきます。それがまた農家の貧困に拍車をかけ、欠食児童や女子の身売りが相次ぎました。労働争議や小作争議も激増し、この恐慌を招いた政党や、恐慌でも為替をかいくぐって儲けた財閥を非難する声が強まっていきます。

日本は、この未曽有の経済危機を帝国主義によって乗り越えようとしました。それが一九三一(昭和六)年の満州事変、翌三二(昭和七)年の満州国建国です。

満州事変後の一九三一年一二月に成立した立憲政友会の犬養毅《いぬかいつよし》内閣は、大蔵大臣に高橋是清《これきよ》を起用します。高橋はすぐに金輸出再禁止を決めて、円との兌換も停止しました。ここで、日本の通貨制度は管理通貨制度に移行したわけです。

同時に高橋は、浜口内閣とは打って変わって、積極財政を実行します。つまり国債を増発して、インフレを起こそうとした。ちょうどこの時期は満州事変が拡大して、軍事費も膨張していきます。

この管理通貨制度のもとでの積極財政と軍事費膨張によってインフレと円安になり、輸出は急増、景気も回復しました。その結果、日本は資本主義国のなかでいち早く恐慌を脱することに成功します。一九三三（昭和八）年ごろには、世界恐慌以前の生産水準を回復するまでになりました。

　この時期に、産業構造も大きな変化を遂げ、重化学工業の生産額が軽工業を上回る。
さらに新興財閥が軍と結びついて満州や朝鮮に進出し、資本を輸出する。

　しかし、そこには国家独占資本主義の側面も強く現れるようになっていきます。

工業生産額に占める軽工業と重化学工業の割合の変遷

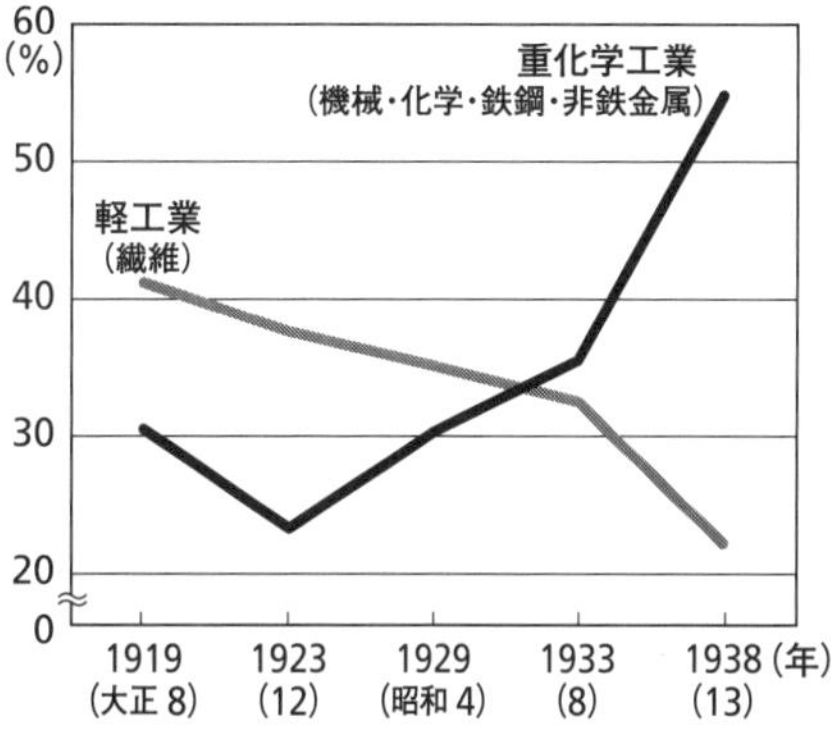

（篠原三代平『長期経済統計10——推計と分析　鉱工業』より）

　農業恐慌の中で農村救済請願運動が高まると、政府は一九三二（昭和七）年度から時局匡救《じきょくきょうきゅう》事業と称して公共土木事業をおこない、農民を日雇い労働に雇用して現金収入の途《みち》を与えた。さらに政府は農山漁村経済更生運動を始め、産業組合の拡充などを通じて農民を結束させて「自力更生」をはからせた。（前掲『日本史A』、一五五頁）

ニューディール型の政策を採用したということです。こういう形で、世界恐慌後の日本の資本主義は、国家独占資本主義の要素も強めながら、本格的な帝国主義へと移行していくわけです。

ブロック経済化する世界

円安を利用した日本の輸出急伸は、イギリスなどから為替ダンピングと強い非難を受けることになりました。そのイギリスは、いち早くブロック経済圏を確立します。ブロック経済圏とは、自由貿易を是《ぜ》としていたイギリスが植民地との間で、帝国内の関税を優遇する保護貿易政策を採ることです。実際、イギリスの植民地に対する日本製品の輸出は高関税をかけられ、輸入数量の割り当ても行なわれました。

イギリスを皮切りに、アメリカ、フランスもブロック経済圏をつくる。こうして一九三〇年代を通じて、世界はブロック経済化していくのです。

それに対して、「持たざる国」のドイツ、イタリア、日本は軍事的進出によって、ブロック圏をつくろうとしました。

このように見ると、結局この時代も、帝国主義間の対立が激化していき、それが戦争を招来するという点では、第一次世界大戦と同様の構図を反復しています。

ただ、誕生したばかりの社会主義国ソ連は、世界恐慌の影響を受けなかった。それだけに、資本主義国は社会主義に脅威を感じ、国家独占資本主義の体制を整えていく。ようするに社会主義によって、資本主義国の国家機能がより先鋭化していったと捉えることができるでしょう。

そして日本では、この一九三〇年代に、社会主義革命をめぐって大論争が巻き起こりました。それが第一章でも触れた労農派と講座派による「日本資本主義論争」です。

3　日本資本主義論争のインパクト

日本共産党の再建

一九一七年のロシア革命は、日本の社会主義・共産主義運動にも大きな影響を与えました。

第一次世界大戦後は、労働運動や普通選挙権運動が盛り上がる大正デモクラシーの時代です。そんな雰囲気のなかで、一九一〇（明治四三）年の大逆事件以来、「冬の時代」が続いていた社会主義者たちも活動を再開していきます。

当初は、大杉栄《さかえ》のようなアナーキスト（無政府主義者）の存在感が目立っていましたが、しだいにマルクス主義の影響力が強くなっていきます。そして一九二二（大正一一）年には日本共産党がコミンテルン（共産党の国際組織「共産主義インターナショナル」の略称）の支部として非合法で設立されました。

その綱領草案では、君主制の廃止、軍隊の廃止、大地主からの土地没収とその国有化、八時間労働制の実現などが掲げられ、プロレタリア独裁をめざして運動が始まったわけです。

日本共産党は、繰り返し弾圧を受けて、いったん解散しましたが、一九二六（昭和元）年に再建されます。

この日本共産党系の「講座派」と非日本共産党系の「労農派」とが対立して起きた論争が日本資本主義論争です。両派の命名の由来は第一章で述べたとおりです。

二段階革命か一段階革命か

講座派は、明治維新によって、日本は絶対主義天皇制の支配下に置かれるようになったと考えます。この人たちにとって、江戸から続く地主と小作人の関係は、封建的な制度が残っているなによりの証左《しょうさ》でした。

マルクス主義の理論では、社会主義は資本主義のあとに、労働者が社会主義革命を起こすことで実現するものとされています。ですから、資本主義社会が成立しないことには、社会主義革命は起きない。

したがって講座派は、明治維新でつくられた日本は絶対主義国家だから、まず天皇制を打破して日本を資本主義社会にすべきであり、そのあとに社会主義革命を起こすことを主張する。こういう二段階革命で社会主義の実現を目指すのが、講座派の考え方であり、これはそのまま当時の日本共産党の考え方でもありました。

労農派は、どう考えたか？　明治維新を基本的にブルジョア革命、市民革命だと捉えました。革命はすでに一度起きており、日本というのは日清・日露の戦争を経て、高度に発達した資本主義国かつ帝国主義国になったと規定したのです。ただ、一部に封建的な残滓《ざんし》がある。たとえば貴族制度があり、コメの物納を受けるような地主もいる。しかしそういったものは次第になくなっていって、グローバルな資本主義の一端を占める国になっていくだろうというのが労農派の考えでした。

したがって労農派は、ただちに社会主義革命を行なうべきであるという一段階革命論を掲げました。

では労農派は、天皇制をどう捉えたのでしょうか。じつは労農派は、天皇制打倒を政治綱領には含めていません。それは天皇制との対決を回避していたからではありません。労農派には権力者としての天皇が見えなかったのです。

つまり資本主義の論理に、天皇も官僚も包摂《ほうせつ》されてしまっていると考えた。ということは、権力の実体は資本家が握っていることになります。だから資本家と戦うことに労働者階級の力を集中すべきだというのが労農派の主張です。

論争の展開

では、論争はどのように展開していったでしょうか。

論争が起きた一九三〇年代というのは、のちほど見るように、イタリアではファシズムが、ドイツではナチズムが席巻した時代です。

ファシズムもナチズムも、反共産主義である点では共通しています。

労農派は、ファシズムの到来を阻止することを最優先の課題としました。ファシズムを阻止するために、軍人や官僚や財閥と戦う反ファッショの共同戦線を張るべきだろうと考えたわけです。

それに対して、講座派はこう考えます。「日本はまだブルジョア革命が起きていない。

ファシズムというのは、帝国主義段階に達した資本主義国家と金融資本が結びついて起きるものだ。本格的な資本主義に到達していない日本がファシズムになるはずはない」と。

こういう講座派から見ると、労農派がファシズムに危機感を覚えるのは、お門違いということになります。それどころか、本来の目標である天皇制打倒から目をそらすように労働者を仕向けているということで、労農派を裏切り者扱いしてしまう。そうして講座派は、労農派を「社会ファシスト」と呼んで、労農派の打倒をスローガンに掲げたのです。

こうなったら、もう「内ゲバ」にしかなりません。

もう一つ重要なのは、この対立には戦前特有のねじれがあることです。

両者の対立は、一見、一段階革命を唱える労農派のほうが過激に見えますが、天皇制打倒は掲げていないので、治安維持法には引っかからない。それに対して、資本家とともにブルジョア革命の実現をめざす講座派＝共産党のほうが、天皇制打倒を叫ぶために治安維持法に触れてしまう。

だから、講座派のほうが当局に目をつけられやすいわけです。実際、講座派の人たちは一九三六(昭和一一)年に治安維持法によって捕まってしまう。ただその翌年には、コミンテルンの反ファシズム統一戦線の呼びかけに応じて、日本で人民戦線の結成を企てた容疑で、労農派系の大学教授・学者グループも一斉検挙されてしまいました。

現代まで続く二つの思考の鋳型

この日本資本主義論争が重要なのは、講座派と労農派の思考の鋳型《いがた》を押さえておくと、戦後のさまざまな議論をアナロジカルに見ることができるようになるからです。

たとえば、アメリカの占領政策が初期の段階で民主化を重視したのは、GHQ（連合国軍最高司令官総司令部）が講座派の理論をベースにして日本の現状を分析したからです。ようするにGHQは日本にはブルジョア革命が必要だと考えた。

あるいは、日本型経営論やトヨタ式経営論、ジャパン・アズ・ナンバーワンといった日本特殊論は、基本的には講座派の認識を元にして立てられている。というのは、講座派は日本の資本主義や日本社会は特殊で、どうしたってその特殊性から抜け出すことはできないという考え方にもとづいているからです。

日本の後進性を指摘して、近代化の必要性を説いた丸山眞男や大塚久雄も、基本的なフレームは講座派です。

それに対して労農派は、一段階革命論を唱えていることからもわかるように、日本特殊論には立ちません。すなわちグローバル・スタンダードで思考しますから、グローバリゼーション論と親和性が高いわけです。戦後の労農派は、一つは社会党に影響を与えました。もう一つ、新左翼の、いわゆる過激派も労農派マルクス主義の影響を受けています。

両者は、アメリカに対する距離感も大きく異なります。

共産党系の講座派は、戦後の日本を、アメリカ帝国主義の半従属下にあると捉えます。だから共産党の革命論というのは、アメリカから独立して、そのあとに日本で革命を起こすという具合に、ここでも二段階革命論になる。

一方、戦後の労農派は、社会党の左派を理論的に支えました。彼らは「アメリカも帝国主義国だけど、日本も十分に自立した帝国主義国だ」と考えるので、共産党の考え方では、日本の資本主義や帝国主義の責任を免責することになってしまうと批判しました。

では日本でどちらが優位かというと、もちろん講座派的な思考です。おそらく日本の知的な世界の九五〜九八パーセントは講座派的な思考の鋳型で考えます。講座派というのは日本の知的な世界において圧倒的な力を持っているのです。

なお、講座派を勉強した共産党系の人と、労農派を勉強した人の違いは、会うとだいたいわかります。労農派は、物事を相対的に見る視点を持っています。「ものごとを突き放して見る」と言ってもいいかもしれません。なにごともワンオブゼムで考える思考習慣がついているのでしょう。

一方で講座派は、教条的で自分の考えに固執しやすい。前述のように「日本の伝統はほかの国にはない良さがある、だからこそ素晴らしい」というような日本特殊論が大好きな人たちです。

さらに言えば、たとえ宇野経済学を学んでいなくても、日本人の思考は労農派と講座派に分かれる。そのぐらい、現在にまで尾を引く論争が、八〇年前の日本で行なわれていたわけです。

『蟹工船』と『海に生くる人々』の違い

面白いのは、日本資本主義論争は、単なる経済の論争だけに留まらず、政治、哲学、文学、芸術など、ありとあらゆる部分におよんでいたことです。

たとえば小林多喜二の『蟹工船』という小説は、講座派的です。というのも、この小説はリアリズムとして読むと明らかにおかしい記述がいくつもあるからです。

一例をあげれば、ストライキを描いたシーンでは、その鎮圧に海軍の駆逐艦がやってくるのですが、これは到底、ありえない。労働争議に対する対応は、軍隊ではなく警察の仕事です。

私の読解では、『蟹工船』は「正しい階級闘争の仕方」についてのマニュアル小説であり、「日本共産党以外にプロレタリアートの救いなし」を伝えることを目的として書かれています。その意味で、共産党ノベルと言ってもいいかもしれません。

このことは、同じくプロレタリア文学で、海上での労働者の生活と闘争を描いた葉山嘉《よし》樹《き》の『海に生くる人々』と比較するとよくわかります。『海に生くる人々』はプロレタリア文学の傑作中の傑作です。

葉山嘉樹はマルクス主義者のプロレタリア作家でしたが、日本共産党とは一線を画していました。

たとえば『海に生くる人々』の労働者は、ストライキを組織しても、直接的暴力の行使は抑制します。それは労働者が暴力を振るえば、資本家と一体となった国家から、その数倍の暴力が返ってくることを葉山が皮膚感覚で知っているからです。

もちろん、法律や理屈だけの交渉で、資本家は譲歩などしません。労働者が団結して、資本家に恐怖を与えなくてはいけない。その程度の抵抗でも、国家権力から報復を受けるでしょう。しかし労働者が組織的異議申し立てを繰り返すうちに、資本家も面倒になって譲歩するようになる。こういうリアリズムを、船員の経験を持つ葉山は熟知しているのです。

しかし『蟹工船』では、ストライキのシーンで、労働者が極悪非道の監督を殴《なぐ》ります。リアリズムの観点から見れば、そんなことをしたら間違いなく暴行や傷害として、当局が介入してくるでしょう。

小林多喜二はエリート銀行員ですから、耳学問でしか船員の生活を知りません。だから共産党ノベルのようなものしか描けていない。葉山嘉樹は自分自身が船員の経験があるから、リアリズムで描くことができたわけです。

葉山嘉樹は、労農派の数少ない文学者です。小林多喜二は共産党のシンパでした（『蟹工船』発表後入党）。『蟹工船』と『海に生くる人々』を読み比べてみると、講座派と労農派、二つのグループの思考の鋳型の違いがよくわかります。

4　恐慌か、さもなくば戦争か

軍部主導の戦時経済体制へ

日本資本主義論争は一九三〇年代の総合雑誌や左翼雑誌を通じて、激しく展開されました。しかし先述したように、最終的に両派は治安維持法によって当局に検挙され、一九三〇年代半ばまでにマルクス主義陣営の影響力はほとんど失われてしまいました。

一九三〇年代は、血盟団事件、五・一五事件、二・二六事件とテロやクーデターが相次ぐ時期です。なぜこうした事件が起きたのでしょうか。

満州事変と満州国建設は、植民地経営で日本が不況から抜け出すシナリオを示しました。さらに農民を満州に植民させる動きが本格化し、農民の貧窮もとりあえず解決することができた。

これらは軍部の力ですから、国民の間に軍部への期待感が高まる。と同時に、政府と財閥の癒着《ゆちゃく》に対する不信感はどんどん高まっていきました。

こうした雰囲気のなかで一連のテロやクーデターが、国民の潜在的な支持のもとで起こっていくわけです。たとえば五・一五事件のときは、被告人の青年将校たちに対する助命請願運動が全国的に広がって、新聞もこの運動を支援しました。おそらくこの空気が、一九三六（昭和一一）年の二・二六事件を誘発したのでしょう。

が、二・二六事件はあっけなく鎮圧されました。陸軍は、反乱を起こした青年将校に対して厳罰で臨み、多くの者が死刑になった。

これ以後、日本は急速に軍部主導の国家統制を強めていきます。

日中戦争が始まると、第一次近衛《このえ》内閣はさらに巨額の軍事予算を編成するとともに、直接的な経済統制に踏みきり、臨時資金調整法・輸出入品等臨時措置法などを制定し

て、軍需産業に資金や輸入資材を集中的に割り当てることとした。(前掲『日本史A』、一五六頁)

さらに、一九三七(昭和一二)年の国民精神総動員運動の展開、労使一体で国策に協力する産業報国運動の推進、そして三八(昭和一三)年の国家総動員法など、戦時経済体制が一気に強化されていきました。四〇(昭和一五)年の大政翼賛会、大日本産業報国会の結成で戦時経済は確立したとされています。こうして、国民の生活は完全に国家の統制下に置かれたわけです。

ファシズムとナチズムの違い

ここで考えてみたいのは、一九三〇年代に形成された日本の戦時体制を、はたしてファシズムと呼ぶべきかどうかという問題です。

ファシズムは「束《たば》」を意味するイタリア語の名詞から来ているように、味方を束ねて動員型政治を展開するところに特徴があります。

意味を広く取れば、ナチズムもファシズムの一種ですが、イタリアのムッソリーニが展開したファシズムとドイツのナチズムは性質を異にします。

ナチズムは、アーリア人種の優越性というデタラメな人種神話でつくられた運動です。それに対してムッソリーニは、「イタリアのために頑張る者がイタリア人だ」と言って、指導者と国民がともにつくっていく、つまり生成《せいせい》するものとして国家を捉えた。イタリア人ははじめからイタリア人なのではなく、イタリアのため頑張った人がイタリア人になるのです。そして、労働を貴いとする価値観にもとづく生産の哲学があり、国家や民族のために働くことに崇高《すうこう》な意味があるという考え方を労働に導入しました。

その意味でファシズムは、自由主義的な資本主義によって生じる格差拡大、貧困問題、失業問題などを国家の介入によって是正するという、知的に高度な操作を必要とする運動でした。

たしかに、その範囲は束ねられた同胞《どうほう》に限られますから、外側の「非国民」には敵対的な態度をとります。ただ、それでも一九三〇年代にムッソリーニがヒトラーと本格的に手を結ぶまでは、イタリア・ファシズムに反ユダヤ主義的要素は希薄でした。

日本はファシズム国家だったのか？

日本も、広義のファシズムのなかに包摂《ほうせつ》することはできるでしょう。しかし、イタリア・ファシズムとは異なる面も多くある。軍部主導であって、イタリアやドイツのように大衆運動に依拠して政権を奪うというファシズム革命は経験していません。しかも、独裁者にあたる人物もいない。

この違いに目を向ければ、片山杜秀《もりひで》が言うように、日本は「未完のファシズム」ということになります。片山の『未完のファシズム』によれば、戦前日本の統治体制は、徹底的に縦割りで、軍部と内閣が相互に無干渉なまま天皇を輔弼《ほひつ》するシステムになっていた。天皇も強権を発動するわけではない。だからまったく、中央集権ではないと言います。

そして相互無干渉なまま、軍部が暴走してしまったから、ほかの部局はもうそれを止めることができなかった。だから片山に言わせると、日本ではファシズムは成立しなかったということになるのです。

しかし、共通点もあるわけです。暴力を背景に国民を束ね、国民以外には排外主義的な態度を見せる。そして社会主義革命は避けて、金融資本のもとで国家が資本主義に介入する。こういう点を見れば、広義のファシズムと捉えることもできると思います。

いずれにしても、一九二九年の大恐慌以降、ソビエト型社会主義に対抗する国家独占資本主義が、ニューディールやブロック経済、ファシズムなど、さまざまな形で展開していきます。日本では一九四〇（昭和一五）年になると戦時経済が確立し、その時代につくられた企業システムや金融制度、財政制度が戦後へと引き継がれていきます。

欧米の資本主義陣営もまた、冷戦下の一九五〇年代から一九七〇年代にかけて、福祉国家の時代を迎えます。国家の大規模な公共事業や手厚い社会福祉のもと、失業率は低下し、多くの労働者が豊かな生活を享受できるようになった。

その意味では、一九一七年に始まる国家独占資本主義は、戦後へと地続きにつながっているのです。

恐慌を避ける最大の政策とは？

ここまで「資本主義の極意」を修得するために、明治維新から第二次世界大戦の戦時経済までの日本経済史を駆け足で考察してきました。

私たちの目的は、あくまで現代の資本主義を「現状分析」する武器を手に入れることです。

そこでいよいよ最終章では、いままでに学んだ「原理論」「段階論」、そして「国家独占資本主義」といった理論をもとに、私たちが生きているいま現在の資本主義にメスを入れていくことにします。

その橋渡しとして、世界恐慌以降の資本主義についてコメントをしておきます。

前述したとおり、帝国主義のもとでは、恐慌の発生は周期性を失います。と同時に、世界恐慌で明確になった国家独占資本主義のもとでは、恐慌を避けるためにそれまで以上に国家が強く介入するようになります。

では、恐慌を避ける最大の政策とは何でしょうか。

それは戦争です。

宇野は、アメリカが世界恐慌から回復した真因は、第二次世界大戦だったと喝破《かっぱ》しています。第二次世界大戦の大量破壊があり、アメリカはそこに大量の物資を供給できたからこそ、恐慌から回復することができたというわけです。

戦後の日本経済が息を吹き返すことができた最大の原因も、朝鮮戦争による特需です。恐慌か、さもなくば戦争か――。資本主義システムが続くためには、この二つのどちらかが起きることは必然なのです。

■「帝国主義の時代」を考察するための本

片山杜秀
『未完のファシズム』
新潮選書

戦間期から戦中にかけて、日本でファシズムが未完に終わった原因を鋭く分析している。徹底したタテ割り体制で天皇を輔弼するシステムでは、中央集権的な統治体制はできないとする本書は、現在の日本社会を読み解く上でも示唆に富む。

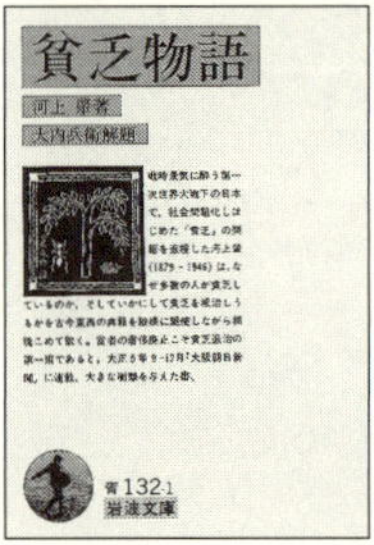

河上　肇
『貧乏物語』
岩波文庫

第一次大戦後、本格的な産業資本主義社会が日本に出現した状況をふまえて書かれた作品。構造的貧困に対する本書の処方箋は、ピケティの議論を先取りしている。付録の「ロイド・ジョージ」論は品格ある帝国主義を考えるための必読文献。

第四章　資本主義はいかに変貌したか？

――現下日本と国際情勢を読み解く極意

第四章関連年表

年代	内閣	日本の動き	世界の動き
1989	竹下	消費税3%導入	ベルリンの壁崩壊
1991	海部 宮澤	バブル景気崩壊	ソ連崩壊
1993	細川		EU発足
1995	村山	阪神淡路大震災	
1997	橋本	消費税5%に引き上げ この年から名門金融機関の破綻相次ぐ	アジア通貨危機
1999	小渕		EU、ユーロ導入
2000	森	沖縄サミット開催	
2001	森 小泉	中央省庁再編	米で同時多発テロ
2003	〃	国立大学法人法成立	イラク戦争
2005	〃	郵政民営化法成立	
2006	第1次安倍	教育再生会議設置 教育基本法改正	
2007	福田		サブプライム問題
2008	福田	北海道洞爺湖サミット開催	リーマン・ショック
2010	鳩山 菅		欧州債務危機 アラブの春(–12)
2011	菅 野田	東日本大震災、福島第一原発事故	
2012	野田 安倍	アベノミクス政策を提言	プーチン、露大統領に復帰
2013	〃	TPP交渉参加表明	
2014	〃	消費税8%に引き上げ	ウクライナ危機
2015	〃	新安保法成立 TPP大筋合意	チャイナ・ショック パリ同時多発テロ トルコ軍ロシア機撃墜

三段階論の復習

本章では、前章までの考察をふまえて、現在の資本主義を分析します。これは宇野弘蔵の三段階論では「現状分析」に当たりますが、復習もかねて三段階論の要点をまとめておきましょう。

宇野はまず、『資本論』を批判的に読み解いて「原理論」を構築しました。現実そのものではない原理論の世界では、ひとたび労働力の商品化が起きれば、資本は生産過程を覆って、社会全体に浸透していきます。こうした資本主義は、恐慌を繰り返すことによって、あたかも永続するかのような運動を続ける。ここで資本主義が自立したシステムであるということが論証されるのです。恐慌は必然的です。労働力商品化という与件が与えられれば、必ず起きるわけです。

次に、資本主義が、「重商主義」「自由主義」「帝国主義」と発展していく段階について、それぞれの典型国をモデルに、この三つの政策的特徴を考察していくのが「段階論」です。段階論は経済政策論として展開されるため、三つの段階のそれぞれには、政策推進の主体である国家が大なり小なり関与してくることになる。そこが、国家が介入しない純粋な資本主義を解き明かした原理論と異なるところでした。

原理論は、一九世紀中葉までのイギリスで展開した自由主義的資本主義を抽象化して、論理化したものです。

しかし一九世紀末には、資本主義の純粋化傾向はとまり、株式資本と資本輸出を中心とする帝国主義が生まれます。宇野は帝国主義の典型をドイツに見出します。

帝国主義段階の資本主義の特徴は、ほかの段階にも増して国家が帝国主義的政策に関与することなので、政治的要素が強く、すべての国家を貫通する一般法則を見出すことはできません。日本の資本主義も、帝国主義段階で離陸したがゆえに、原理論とは異なる側面を抱えながら、発達していくことになります。

帝国主義はその性質上、戦争を必然的に引き起こします。ただ、これは原理論における恐慌の必然性とは意味合いが異なる。帝国主義は戦争を引き起こしやすい傾向があるといっても、必ず周期的に戦争が起きるということを論証することはできません。

そして、原理論、段階論をふまえて、現下の資本主義を分析するのが現状分析ということになります。宇野は、一九一七年のロシア革命以降は現状分析の課題だと考えました。

それは、社会主義革命を阻止するという政治的思惑から、国家が資本家に対して譲歩を迫り、資本の利潤を犠牲にしてでも労働者の福祉政策や失業対策を行なうからです。

これが、前章で説明した「国家独占資本主義」の状態です。近代経済学の立場では、ケインズ政策、福祉国家、社会民主主義を近似の概念として挙げることができるでしょう。そして、国家独占資本主義は戦後へも地続きでつながっていくわけです。

宇野学派の多くの研究者が国家独占資本主義という考え方にもとづいて現状分析を行なったのも、それだけ社会主義の影響力が強かったからです。

ソ連崩壊以降の現状分析

ところが一九九一年一二月にソ連が崩壊し、社会主義はもはや世界システムに大きな影響を与えることはなくなりました。そうなると、社会主義を前提とする国家独占資本主義にもとづいた分析をそのまま現状に適用することはできません。

私は、二一世紀の現状分析においては、新自由主義の分析、そして各国が露骨に国益を追求する帝国主義の分析が重要になってくると考えています。

こうした視点から、以下では現下日本と国際情勢についての現状分析を、私なりに実践してみたいと思います。

まずは、国際情勢から経済政策までのマクロな問題を考察します（1、2節）。かつて日本近代において生じた「資本の過剰」という問題が、現下のさまざまな現象の背景にも同様に存在することが理解できるでしょう。

そして、二〇一五年一一月にパリで起きた同時多発テロをケーススタディに、「イスラム国」（IS）の内在的論理を読み解きます（3節）。

次に、教育の問題から賃下げ、社会を覆う生きづらさの問題まで、ミクロな個の生き方に迫っていきます（4節）。その上で、「私たちは資本主義とどうつきあえばいいのか」という問題を考えてみましょう（5節）。

そのためには、経済や政治要因のみならず、現在進行形で起きているさまざまな事象を、その背景にある文化や価値観なども含めて、総合知として分析することが必要になります。たとえば、一人の発言や一冊の本も、現状分析にとって重要な材料になることがあるのです。

あらかじめお断りしておくと、これから考察する問題は、私の関心にもとづいて選択しているものであり、当然のことながら、網羅的ではありません。「資本主義の極意」として身につけていただきたいのは、結論ではなく、みなさん自身が自分の生き方を理論的に把握する力です。

世界、国家、社会、自分を考えるために、マルクスや宇野弘蔵の遺産をどのように使えばいいのか。以下は、そのケーススタディです。

1 「経済の軍事化」「TPP」をどう捉えるか

旧自由主義と新自由主義

第三章で述べたとおり、資本主義体制の国々は、一九一七年のロシア革命以降、社会主義革命を阻止するために、福祉政策や失業対策など、資本の純粋な利潤追求にブレーキをかけるような政策をあえてとるようになります。利潤は多少減少しても、資本主義を守るためにはやむをえないというわけです。

しかし、ソ連が崩壊した一九九一年以降はその必要はありません。そこで資本主義は再び、利潤の最大化をめざすようになる。こうして九〇年代以降は、新自由主義やグローバル資本主義が加速していくことになりました。

ここで重要なことは、一八～一九世紀中葉までのイギリスで展開していた自由主義的資本主義とのアナロジーで、新自由主義を考察する視点です。

旧来の自由主義（オールドリベラリズム）と新自由主義（ネオリベラリズム）とを比べたとき、何が同じで、どこが違うのでしょうか。

先に異なる点から指摘しておきましょう。

両者は、支配的な資本の種類が違います。旧自由主義を支配していた資本は産業資本でした。それに対して、新自由主義の資本は金融資本です。このことは次のように言い換えることもできるでしょう。旧来の自由主義の主体が個人や個別企業だったのに対して、新自由主義の主体は独占資本であると。そして現代版の独占資本とは、多国籍企業にほかなりません。

では、共通点は何か。それはどちらも覇権国が存在するということです。宇野の段階論を学べば、このことがよく理解できます。段階論は、経済政策論として展開しているわけですから、当然そこには、国家機能が関わってきます。

自由主義だからといって、国家が自由放任で何もしないのではなく、たとえば当時のイギリスで言うと、航海条例を廃止してイギリス船以外の船舶の貿易を認めたり、関税自由化を推進したりする。つまり国家は、規制を破壊する政策を実現していくわけです。圧倒的な経済力と軍事力を持つ国家にとっては、資本家が自由であればあるほど、資本家も国家も儲かる仕組みになっている。その意味では、自由主義、そして新自由主義というのは、勝者が利益を総取りするシステムになっているのです。

段階論では、この自由主義から帝国主義へと移行します。後発資本主義国であるドイツやアメリカが重化学工業でイギリスをしのぐようになり、群雄割拠の時代が訪れる。列強は植民地拡大競争の果てに戦争にいたるというのが宇野の考えでした。

現代もまた同時多発テロ事件やリーマン・ショックを経て、アメリカの覇権が弱体化し、時代は帝国主義の様相を強めています。ロシアや中国が軍事力を背景に、露骨な国益を主張し、ヨーロッパもドイツを中心として帝国化している。

こうした現代的な「新・帝国主義」の特徴については、『世界史の極意』のなかでも詳述しました。あらましだけを述べれば、新・帝国主義はコストのかかる植民地を持たず、全面戦争を避けようとする点が、かつての帝国主義とは異なる点です。

資本の過剰をどう処理するか

「新・帝国主義の時代」になったとはいえ、新自由主義が完全に消え去ったと考えるべきではありません。段階論を国家論の類型として捉える視点を応用すれば、現代の資本主義のもとでは、新自由主義と帝国主義が同時に進行していると見るべきでしょう。

では、そういった現代の資本主義の最大の課題は何でしょうか。

それは、資本の過剰をどう処理するかということです。

宇野の原理論が教えるように、資本主義が発展すると、必ず資本が過剰になります。これは資本家にとって、お金はたくさんあるのだけれど、投資する先――つまり儲ける先がなくなってしまうような状況のことでした。自由主義の段階では、労働力不足に対して資本が過剰にあることが恐慌の原因となりますが、けっきょく資本の過剰は周期的な恐慌によって解消されました。

それが帝国主義になると、恐慌は周期性を失います。だからといって恐慌は完全にコントロールできるものではないので、起きるときは起きる。

ただ、同時にそれぞれの帝国主義国家は、貿易や資本輸出を強化することで、恐慌の必然性を排除しようとする。第三章で見たように、それが列強間の対立を深め、戦争を招来するわけです。

したがって帝国主義のもとでは、資本の過剰は恐慌か戦争のどちらかで処理されることになる。

この考え方は、現代においてもなお有効です。

たとえば、なぜ日本はステルス戦闘機F35の部品輸出や、オーストラリアとの潜水艦共同開発など「経済の軍事化」を着々と進めるのか。

それが過剰な資本を処理する近道だからです。

世界恐慌後の日本が満州に進出して恐慌を脱したように、現代の日本も軍事産業の対外進出によって、資本の過剰を乗り切ろうとしているわけです。

このように見ることではじめて、安倍政権が武器輸出三原則を緩和し、安全保障関連法案を成立させたことの含意も見えてきます。すなわち安倍政権は、軍事産業の対外輸出を最大の成長戦略として位置づけているということです。

TPPの本質

TPP（環太平洋戦略的経済連携協定）に対しても、新自由主義と帝国主義の二重性から分析することが必要です。

TPPはブロック経済かグローバリゼーションかという議論がありますが、この二者択一的な問いの立て方は誤っている。というのは、グローバル化が進んだ現在の世界では、各国の相互依存性が深まっているので、ブロック経済のように完全な壁をつくることはできないからです。

比喩的に言えば、TPPによってつくろうとしているのは、一種のネットです。網だから、完全に囲うことはできない。あちこちに抜け道があるわけです。

つまり、ＴＰＰが自由貿易をすることを指して、これはグローバル資本主義のなせる業《わざ》だという主張もおかしいことになる。グローバル資本主義だったら、特定の区域を設ける必要はありません。グローバル資本主義を実現するのなら、ＷＴＯ（世界貿易機関）をそのまま全世界に拡大すればいい。しかし帝国主義が強化されているために、それができないわけです。

以上を総合すれば、ＴＰＰの本質が見えてきます。それは「域内では新自由主義を貫徹し、域外に対しては帝国主義的に差別化すること」と言えるでしょう。

その意味でＴＰＰは、現下資本主義が置かれた状況を正確に反映しているのです。

2　アベノミクスをどう捉えるか

「「瑞穂の国」の資本主義」の意図

カネはあるけど、国内に投資しても労働力が高くて利潤が出ない。これが資本の過剰ということでした。資本主義の純粋な論理では、資本が過剰になれば恐慌が来る。しかしグローバル資本主義のもとでは、国内の労働力が高ければ、資本を輸出して海外の安い労働力を買えばいい。

国内で生産するとしても、できるかぎり賃金は抑える。そうなると、消費は低迷し内需は冷え込みます。内需が低迷しているのなら、海外にモノを売って稼がなければならない。しかし価格競争では、アジアの安い労働力でつくった商品に勝ち目はありません。じゃあ儲かるモノは何なのかと探した時に、武器や兵器、あるいは原発となる。軍事産業やエネルギー産業は、高い技術が求められる分野だからです。

このように見ると、安倍首相の言う「「瑞穂《みずほ》の国」の資本主義」の意図も明らかになる。

まずは安倍首相自身の説明を見ておきましょう。

日本という国は古来、朝早く起きて、汗を流して田畑を耕し、水を分かちあいながら、秋になれば天皇家を中心に五穀豊穣を祈ってきた、「瑞穂の国」であります。自立自助を基本とし、不幸にして誰かが病で倒れれば、村の人たちみんなでこれを助ける。これが日本古来の社会保障であり、日本人のDNAに組み込まれているものです。
私は瑞穂の国には、瑞穂の国にふさわしい資本主義があるのだろうと思っています。自由な競争と開かれた経済を重視しつつ、しかし、ウォール街から世間を席巻した、強欲を原動力とするような資本主義ではなく、道義を重んじ、真の豊かさを知る、瑞穂の国には瑞穂の国にふさわしい市場主義の形があります。（安倍晋三『新しい国へ』文春新書、二四五〜二四六頁）

ここまで読んでも、結局、「『瑞穂の国』の資本主義」とはどのようなものなのか、まったくわかりません。

本書のポイントをもう一度、述べます。資本主義社会とは、商品経済によってすっぽりと覆われている社会です。土地から人間の労働力にいたるまで、あらゆるモノが商品となる。この点に例外はありません。いかに「瑞穂の国」云々《うんぬん》と言ったところで、その行きつく先は産業社会でしかありません。

では、安倍首相は何が言いたいのか。端的に言えば、出来の悪いファシズムをやりたいということです。

一九三〇年代と同じように、資本主義は行き詰まってしまっている。そこで「瑞穂の国」というイデオロギーで同胞を束ね、国家統制を強化する。あまりに格差や貧困が拡大すると、国家基盤を崩しかねませんが、財政も社会保障も打つ手が見えない。しかも一方では、成長戦略を掲げて、規制を緩和する新自由主義政策を打ち出しているわけですから、できることといったらイデオロギー操作ぐらいです。

イデオロギー操作だけで同胞の平等を求めると、なによりも最初に排外主義が高揚する。すなわち「嫌韓」や「嫌中」です。

ファシズムは取り扱いが危険な処方箋です。前章で述べたように、ファシズムとは本来、国家の介入によって国民を統合し、自由主義的な資本主義の弊害を克服していこうとするものです。ただし、イタリアのファシズムとドイツのナチズムは性質の異なるものですが、広義のファシズムにはナチズムも含まれる。

ファシズムが束ねるのは、あくまで内側の「同胞」だけです。外側に対しては、強烈な排外主義が働く。この同胞の根拠を人種や民族に求めると、ナチズムに転化してしまうのです。

つまり、ファシズムは使い方を間違えると、人種間、民族間の争いを招いてしまう。その意味で、合理性や客観性を軽視する反知性主義とファシズムが結びつくことほど危ないものはありません。

管理できない管理通貨制度

安倍政権の経済政策について、もうすこし分析を続けましょう。

先ほど、資本の過剰をどう処理するかが、現代の資本主義の課題であることを説明しました。

だとすると、アベノミクスの第一の矢であった金融政策は、どのように読み解けばいいでしょうか。日本銀行が国債を買い取って、大量の紙幣を市中に供給すれば、さらに資本は過剰になっていきます。これは、資本主義の危機を深めるだけではないかと考える人もいるでしょう。

その考察は間違っていません。

これまでにない金融緩和、いわゆる異次元の金融緩和のシナリオは、インフレ目標二パーセントを設定して大規模な金融緩和をすれば、人々が将来インフレになると予想して投資や消費が活発になるため、物価が上がって、デフレから脱却できるというものです。もっと単純に言えば、紙幣を刷ってバラマけば、物価は上がるということになる。これは近代経済学の貨幣数量説にもとづいた考え方です。

貨幣数量説の根底には「通貨制度は管理できる」という信念がある。それに対して宇野弘蔵は、第三章でも述べた「管理できない管理通貨制度」という名言を残しています。宇野が喝破したように、経済はそんな単純な理屈で動くものではありません。

近代経済学が見落としているのは、「貨幣とは何か」という問題です。

マルクスの貨幣論のキモは、「貨幣数量説は通用しない」という点にあります。

第一章で考察したように、貨幣は、商品交換という人間同士の社会的関係の必要から生まれます。だから使わなければ、ただの持ち腐れ。しかし、一般的等価物になることによって、貨幣それ自体に価値があるように思え、貨幣を神のように崇《あが》める態度が生まれてくる。これが「貨幣の物神性」ということです。

貨幣への愛が高じると、何が起こるでしょうか。

合理的な人間であれば、予想インフレ率が二パーセントならば、将来現金の価値が目減りすることになるから、すこしでも早く買いたいものを買うという行動に出るでしょう。

しかしマルクス経済学では、貨幣の物神性を前提としますから、インフレ期待があっても、「ならばお金は大切なので、貯めておこう」という人間が少なからず存在すると考える。ですから、インフレ目標二パーセントを掲げる論は成り立ちえないのです。

一九三〇年代とのアナロジー

実際、物価は上がっていません。むしろアベノミクスがもたらした最大の変化は、円安と株高でしょう。

ここで、日本近代史の知識が生きてきます。第三章で述べたことを思い出してください。一九三〇年代にも日本は同じことをやっていました。為替ダンピングです。紙幣を大量に刷ることによって、自国通貨をダンピングして輸出しやすくする。

世界恐慌に巻き込まれた日本は、一度復帰した金本位制からすぐに離脱したことで為替ダンピングに突き進んだ結果、急激な円安となり、輸出が回復しました。この輸出振興に対して、欧米は「ソーシャル・ダンピング」だと非難したわけです。

アベノミクスについても、韓国から見れば為替ダンピングにほかなりません。円が弱くなるので、日本から輸出がしやすくなる。そのぶん、相対的にウォンは高くなります。アベノミクスのおかげで、ヒュンダイもサムスンも売れなくなるのですから、韓国から見れば、日本は為替ダンピングをしているようなものです。

一九三〇年代の為替ダンピングは、結果として世界経済のブロック化をもたらしました。

しかし現在のグローバル資本主義のもとでは、かつてのようなブロック経済は生まれません。先述のとおり、各国の経済は相互依存を深めているので、完全に市場を分裂させることはできないからです。

おそらくその代替《だいたい》として、為替の切り下げ競争が起きています。

二〇〇八年のリーマン・ショック、それに続く二〇一〇年の欧州債務危機から脱するために、欧米は大規模な量的金融緩和を実施し、ドル安とユーロ安が生じました。両者の緩和が縮小を図るタイミングで、日本は異次元緩和に踏み切った。それが何をもたらすかについて、宇野派に属する経済学者・鎌倉孝夫は的確に指摘しています。

米欧の大規模な金融量的緩和の下で生じたマネーは新興国・途上国に流入し、それら諸国の通貨価値を高めた。ところが米欧が量的緩和縮小を打ち出したことによって今度は資金流出を招き、株価下落、流動性不安を招いている。一方日本の大規模な金融量的緩和―円安は、韓国はじめ近隣諸国の通貨高をひき起こし近隣窮乏化を招いている。

日本の金融量的緩和による円安に対し、米欧はじめ各国は当然一定の対抗措置を採ることになる。世界全体に膨張した過剰マネーによって各国通貨・為替は投機の対象とされながら、一国の一方的な通貨切下げに対する対抗措置が採られることになる。為替切下げ競争は、投機に攪乱されながら一層激化しよう。円安誘導も決して意図通りに進まない。(鎌倉孝夫『帝国主義支配を平和だという倒錯』社会評論社、一五三頁)

二〇一五年はチャイナ・ショックによって、中国が人民元の切下げや利下げに舵を切ろうとしています。中国もまた、資本の過剰に陥っているわけです。

誰がアベノミクスの恩恵を受けたのか

金融資本が支配する現下の資本主義では、過剰マネーは(資本も含めた)輸出と投機によって処理されています。アベノミクスはタイミングよくその波に乗ったため、円安と株高が起きた。

しかし、日本がそこから得た恩恵は、意外なほど少ないのです。

円安になっても、多くの大企業は生産拠点を海外に移しているので、輸出はたいして増加していません。むしろ多くの中小企業や一般家庭は輸入物価の高騰で苦しんでいます。

株高で最も儲けたのは、外国人株主です。「日本経済新聞」二〇一五年六月六日付の記事を見てみましょう。

外国人株主の存在感が高まっている。二〇一四年度末時点で、日経平均株価を構成する二二五社の六割強の企業で外国人の持ち株比率が上昇した。全体では三五・三％と半年前より〇・三ポイント上昇し過去最高の水準だ。リストラを評価されてソニーの比率が大きく上昇し、トヨタ自動車も過去最高になった。好業績と株主還元の増加を背景に海外マネーが株価を支える構図が鮮明だ。

主要な日本株の三分の一以上を外国人株主が保有しています。残りの株式の多くは、企業の持ち合いなど長期保有を目的としていることを考慮すれば、株価上昇の恩恵を最大限に享受《きょうじゅ》できたのは、日本株を投機対象として売買している外国人株主ということになる。

日本では一部の機関投資家や富裕層だけが儲かったにすぎません。

株式はパラサイト資本

では、マルクス経済学では、株式をどのように捉えているでしょうか。

マルクスは、『資本論』第三巻第五篇第二七章「資本主義的生産における信用の役割」のなかで、株式を「資本主義的生産の最高の発展」と説明しています（前掲『資本論（七）』、一七六頁）。

なぜ株式は、資本主義の最高の発展なのか。

株式は、所有してさえいれば配当を得ることができる商品だからです。

株式会社が一般的でない場合、資本家は自分のカネで工場を建て、労働力を買って、商品を生産する。生産した商品を売ることで、利潤を得ていました。これが産業資本の基本です。

しかしすでに見たように、純粋な資本主義のプロセスには周期的な恐慌が組み込まれている。恐慌になると、当然儲けはなくなります。資本の自己増殖にとっては、一時的にであれ、ブレーキがかかることになります。

それに対して、株式は持っているだけで配当が入る。わざわざ、工場を建てる必要もなければ、労働力を買う必要もない。この点に注目すれば、株主というのは、恐慌のリスクにさらされることなく、カネを増やすことができる。資本主義の権化《ごんげ》のような資本家にとっては、株式ほど楽に儲けられるものはありません。

ここで重要なポイントは、第二章でも述べたとおり、株式は「擬制資本」、つまりフィクションとしての資本だということです。

『資本論』を読むとわかりますが、株式の配当というのは、株式そのものから生まれるわけではありません。現実の資本が生み出す価値が分配されて、配当になるのです。

だから株式は、実体経済に寄生する形でしか資本になることはできません。ところが株式は資本主義最高の商品ですから、実体経済と離れて売買されていく。

そうなると、株式が資本主義を支配するようになり、株の売買で儲ける金融経済がひとり歩きしていくことになる。株の実態は実物経済に寄生している偽物の資本です。しかし、でかい顔をして経済の表通りを闊歩《かっぽ》するわけです。

そして、この株式資本の運動に障害となるような規制を取っ払っていくことが、新自由主義の目標になっていくのです。

急増する貯蓄ゼロ世帯

このように見れば、アベノミクスが新自由主義に親和的なことがわかるでしょう。異次元の金融緩和では、国債だけでなく、ETF（上場投資信託）やJ-REIT（不動産投資信託）も買い入れて紙幣を大量に供給しました。ようするに、金融政策そのものが株価を釣り上げて、新自由主義を盛り立てているわけです。

では、新自由主義が推し進められると、労働者はどうなっていくでしょうか。株価を上げるためには、企業の業績を上げなければなりません。しかし先述したように、現在は資本が過剰で、実体経済で売上を伸ばすことが難しくなっています。そうなれば、利益をてっとりばやく上げるには給与・雇用のコストカットしかありません。

その結果起きていることが、格差の拡大です。このことは日本人の貯蓄額を見るとよくわかります。

金融広報中央委員会の「家計の金融行動に関する世論調査」（二〇一四年）によると、二人以上世帯における金融資産保有額の平均は一一八二万円（単身世帯は七七四万円）となっています。ただ、これは平均値ですから、一部に巨額の貯蓄をしている人がいると、平均はその数字に引っ張られるため、一般的な感覚とズレが生じることになる。そこで、こういう場合は「中央値」といって、たとえば一〇〇〇人の母集団ならば五〇〇位の数字を見るのが鉄則です。

この調査の中央値を見ると、四〇〇万円であり、単身者世帯の場合は七五万円と極端に低くなっている。しかし、もっと衝撃的な事実は、金融資産非保有世帯、つまり貯蓄ゼロの世帯が、三六八六世帯中の一二〇一世帯、全体の三分の一にものぼっていることです。

三分の一の世帯が貯蓄ゼロなのに、平均を取ると一〇〇〇万を超える。これは金融資産の二極化が急激に進んでいることを意味します。

3　同時多発テロをどう捉えるか

本書ではここまで、資本主義は必然的にグローバル化を伴って帝国主義に発展することを見てきました。ロシア革命のインパクトによって、資本主義は国家独占資本主義へと変貌し、純粋な資本の運動にはブレーキがかかりましたが、ソ連崩壊によってふたたび資本主義は加速し、新・帝国主義の時代が訪れました。先にも述べたとおり、現代の資本主義のもとでは、新自由主義と帝国主義が同時に進行しているのです。

新・帝国主義のもとで、国際情勢はますますキナ臭くなっています。その一例が、二〇一五年一一月一三日金曜日の夜（日本時間一四日未明）、フランスの首都パリで発生した同時多発テロ事件。わずか一時間の間に七か所でテロ攻撃がなされ、同年一一月末時点で一三〇人超の死亡が確認されました。以上は序章でも述べましたが、この事件の本質は、「イスラム国」（ＩＳ）の内在的論理とあわせて、宇野が段階論として分析した帝国主義のありかたを理解することではじめて見えてきます。以下、分析を試みましょう。

「イスラム国」(IS)の内在的論理

イスラム教原理主義過激派はこう考えます。アッラー(神)は一つなので、それに対応して地上においてもたった一つのシャリーア(イスラム法)によって統治がなされ、全世界を単一のカリフ帝国(イスラム帝国)が支配すべきだと。そして、この目的を達成するためには、暴力やテロに訴えることも躊躇《ちゅうちょ》しないというのがISやアルカイダなど過激派の特徴なのです。

「シャリーアによって統治されるカリフ帝国の実現」。これは、ヨーロッパで資本主義社会が成立した以前の考え方です。近代以前(プレモダン)の思考と言ってもいいでしょう。そのため、資本主義システムの浸透とともに誕生した国際法や国際関係論、軍事学などの近代的(モダン)な枠組みで読み解くことはできません。

他方で、ISは、インターネットを駆使し、人々が国境を自由に移動できるようになったこと、電子送金システムなどを巧みに利用してテロ活動を行なっている。つまり、新自由主義と帝国主義の同時進行をうまく利用しているのです。その意味でISは、プレモダンであるとともに、近代を超克《ちょうこく》するポストモダンな現象であるとも言えるでしょう。

「資本主義の極意」を学ぶとは、こうした分析力を持つということです。つまり、現下の資本主義のありかたを相対化し、プレモダン、モダン、ポストモダンという三つのパラダイムを理解する知性が、ISによるテロを分析するためには必要とされるのです。

ISは「原因」ではなく「結果」である

テロ事件の翌一四日、フランスのフランソワ・オランド大統領は、パリの大統領府で閣僚らを緊急招集して国防会議を主宰後、国民向けにテレビ演説して、ISに対してはあらゆる手段を用いて立ち向かうと述べました。

「あらゆる手段」としてまず取られたのが、米国だけでなくロシアとの対テロ軍事協力です。しかし、軍事攻撃をいくら強化してISの拠点を全面的に破壊しても、問題を解決することはできないでしょう。率直に言うと、オランド大統領は、怒りで原因と結果を取り違えているのです。

ISが、国際社会の秩序を混乱させている原因であるという見方は間違っています。I

Sは原因ではありません。どういうことか。

かつての帝国主義の時代、サイクス・ピコ秘密協定（一九一六年）に基づいて、英仏露三国の間でオスマントルコ領の分割が決められ、それぞれの勢力範囲が定められました。欧米の勝手な都合で、中東の宗教、歴史、地理、部族の分布などと無関係に国境線が引かれたのです。そのときに建設された国家が機能不全を起こしていることが原因で、その結果として I S が誕生した。つまり、資本主義が帝国主義段階に移行したことに伴う欧米の対中東政策が、現下 I S にまで尾を引いているのです。同時多発テロについては、「資本主義の極意」をふまえた歴史的な視座から考察することが重要です。

中東に安定した新秩序が形成されない限り、I S を除去しても、別の名称の団体が、似たようなテロ活動を起こすことになります。この地に安定した新秩序が近未来に形成される可能性は低い。そのため、単一のカリフ帝国が支配する世界を、暴力やテロに訴えてでも実現しようとする運動は今後も続くでしょう。

当面は I S の要求を受け入れず、テロとの戦いを毅然《きぜん》として進め、テロに関与した者については法規を厳格に適用して責任を取らせる。テロリストはいくらテロを続けても目的が達成できないと判断すれば戦術を変えることになり、とりあえずテロの流行は終焉《しゅうえん》する可能性があります。しかし、根本にある中東の混乱が収拾《しゅうしゅう》しないままでは本質的な解決になっていないことを忘れてはならないでしょう。

4 「教育格差」「女性の活用」をどう捉えるか

教育は一貫して「右肩上がり」だった

以上、TPPから同時多発テロまで、マクロの事象を一つひとつ検討してきました。ここからはミクロの問題、すなわち個の領域の問題を見ていきましょう。まずは教育です。第2節で見た格差拡大による二極化が、はっきりと現れているのが教育です。つまり、親に高い収入がないと、子どもが高いレベルの教育を受けられなくなってきているということです。

現在の日本では、明治以来はじめて「教育の右肩下がり」が進行しています。

資本主義が定着し、発展していくためには、就職するまでの基礎教育がきわめて重要になる。だから資本主義では、基礎教育期間が非常に長くなるのです。

明治に導入された教育制度について、『詳説　日本史研究』では次のように説明されています。

近代化を有効に進めるためには、国民の知識の水準を高めることが必要であった。そこで、政府は国民の啓蒙・開明化に力を注いだ。その手初めとして、欧米の近代的な学校教育制度の採用をはかり、一八七一（明治四）年、教育行政を担当する文部省を設置し、ついで翌一八七二（明治五）年、学制を公布して、男女を問わず国民各自が身を立て、智を開き、産を治めるために学問が必要であるとする、一種の功利主義的教育観に立脚する国民教育の建設につとめた。（前掲『詳説　日本史研究』、三三六頁）

学制公布後、教育制度は拡充の一途をたどりました。教育に関する法整備が着々と進められ、一八八六（明治一九）年に小学校令が制定されました。そこで「義務教育」の文言がはじめて用いられ、その期間が三〜四年となった。一九〇〇年には四年制に統一されて、期間内の授業料は無料となり、さらに一九〇七年には六年に延長されたのです。

就学率で見ると、一八七三（明治六）年の段階では男子四〇パーセント、女子一五パーセント程度でしたが、日露戦争後の一九〇七年になると就学率は九八パーセントに達しました。つまり、国民のほとんどが文字を読めるようになったわけです。

日本経済にどんなに浮き沈みがあろうとも、教育だけは一貫して右肩上がりの制度をつくってきた。一般論として言えば、明治からつい最近まで、子どもは必ず親よりもいい教育を受けることができました。

さらに、貧困家庭の出身でも高い教育を受けられるシステムとして、学費のかからない師範学校や陸軍士官学校、海軍兵学校がありました。つまり教育と軍事については、貧困層から上昇できるシステムがつくられていたのです。

逆転現象が始まった

しかしここにいたって、明治以来の右肩上がりの教育が逆転しようとしています。

二〇一三年の文部科学省の調査によると、国公立大学ですら年間の授業料は五〇万円以上かかります。私立大学の文系では平均して七四万円、理系が一〇四万円、医科歯科系では二七六万円もかかります。

日本経済が深刻なデフレに見舞われ、ビジネスパーソンの給料が下がる一方だった「失われた二〇年」の間でさえ、授業料は一貫して値上がりを続けました。その結果、文部科学省の「学校基本調査」によれば、ずっと右肩上がりだった大学・短期大学の進学率が、いったん二〇一〇年度をピークとして頭打ちとなり、その後も五三～五四パーセント台を保っています。

大学経営が苦しくなっている現在、授業料はさらに値上がりします。医科歯科系でなくとも、年二〇〇万円かかるような時代も遠からず来るでしょう。

現在の世帯年収のボリュームゾーンは三〇〇万円前後ですが、そういった家庭が子どもに高い教育の機会を与えることはできません。

私たちはいま、自分が受けてきた教育の水準を、経済的理由から子どもに保証できないという「教育の右肩下がり」の時代に突入しているのです。

世帯所得と私立大学授業料の変遷

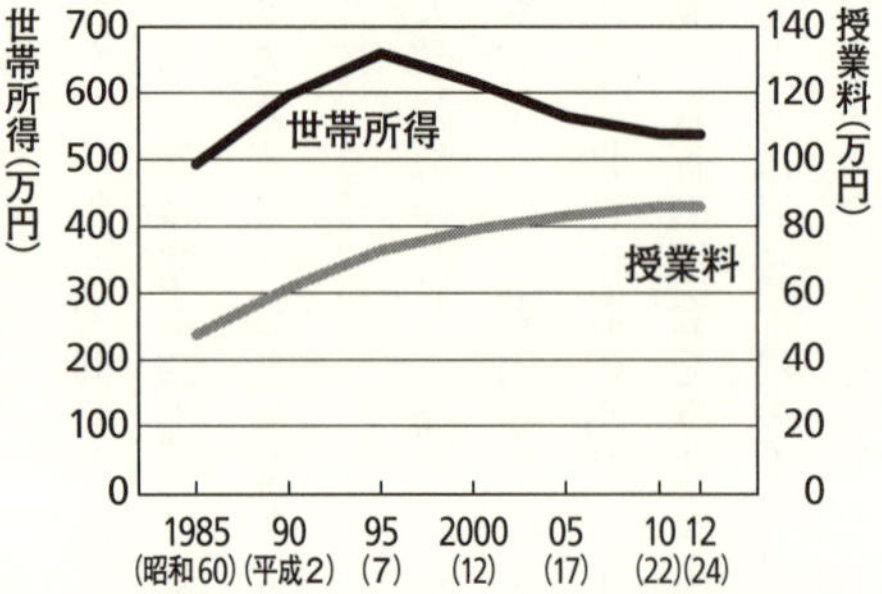

世帯所得は減少しているにもかかわらず、授業料は上がっている。世帯所得、授業料とも平均額。（世帯所得：厚生労働省「国民生活基礎調査」〔平成25年〕より／私立大学授業料：文部科学省「各種調査結果」より）

したがって、今後は格差の固定化がさらに進行するでしょう。新自由主義のもとでは、教育もカネがなければ受けられないということです。

ピケティとマルクス経済学の相違点

ソ連の崩壊によって新自由主義が定着し、それが格差拡大に拍車をかけてきたことは間違いありません。このことは、年収や貯蓄額の減少、非正規社員増加の割合を見れば明らかでしょう。

しかし、そもそも資本主義とは格差を広げていくものなのです。会社が二倍、三倍儲かろうとも、社員の給与が二倍、三倍と上がるわけではありません。ここまで何度か強調したとおり、儲かったお金は資本家が総取りするのですから、資本主義社会では格差が縮小することはありません。

そのことを統計的に実証したのが、トマ・ピケティの『21世紀の資本』です。ピケティは、二〇〇〇年におよぶ資本主義国家のビッグデータを分析することによって、資本主義国家において格差が常に拡大することを実証しました。

しかし問題は、資本主義のもとではなぜ格差が拡大するのか、ということです。この点で、ピケティとマルクス経済学は意見を異にします。

ピケティは近代経済学にもとづいて、格差拡大を「分配」の不備に求めます。つまり、労働者への利潤の分配が少ないことが、格差拡大の原因だということです。したがってピケティの立論の前提には、生産によって得た利潤は、資本家と労働者で分け合うものであるという「分配論」がある。

それに対して、マルクス経済学では労働者の賃金は「生産論」で決まると考えます。つまり、賃金は労働力の再生産の費用で決まるということです。

ここで、第一章で述べた「賃金決定の三要素」を思い出してください。三つの要素とは何か？　まずは食料費や住居費、被服費、それにちょっとしたレジャー代など、労働者が働けるだけの体力を維持できるだけのお金。二つ目は、労働者階級を再生産するお金、つまり家族を持ち、子どもを育てて労働者として働けるようにするためのお金。そして自己教育のためのお金。この三つのことでした。

分配は資本家と地主、もしくは産業資本家と金融資本家の間で行なわれるもので、労働者は排除されている。労働者がどんなに一生懸命働き、それによって利益を上げても、賃金は最初からこの三要素を満たす範囲内で決められていると考えるのです。

原因の分析が異なるのですから、処方箋も変わってきます。

ピケティは、経済学者として事態を純粋に観察するだけでは不十分だと考えます。政治経済学者として、政治的に問題を解決することに強い関心がある。具体的には、国家が介入し、累進《るいしん》的な所得税、相続税に加え、資本税を徴税することが効果的だと考えるわけです。その上で、経済のグローバル化で、ヒト、モノ、カネが自由に移動するようになったことに対応して、超国家的な徴税機関の創設も検討するべきだと主張します。

超国家的な徴税機関を視野に入れるという点を除けば、ピケティの考え方は、構造的貧困を再分配によって解決するという常識的な発想を取っていると言えるでしょう。

ピケティ・モデルはファシズムに行き着く

戦前の日本では、第三章で紹介した河上肇の『貧乏物語』が、ピケティとよく似た発想で、貧困に対処しようとしました。

河上は、構造的貧困について次のように述べています。

世間にはいまだに一種の誤解があって「働かないと貧乏するぞという制度にしておかぬと、人間はなまけてしかたのない者である、それゆえ貧乏は人間をして働かしむるために必要だ」というような議論もあるが、少なくとも今日の西洋における貧乏なるものは、決してそういう性質のものではなく、いくら働いても、貧乏は免れぬぞという「絶望的の貧乏」なのである。（河上肇『貧乏物語』岩波文庫、三五頁）

そしてこのような「絶望的の貧乏」を解決するためには、「社会組織の改造よりも人心の改造がいっそう根本的の仕事」で、「富者の奢侈《しゃし》廃止をもって貧乏退治の第一策とし」、貧困者への再分配が行なわれれば「社会組織は全然今日のままにしておいても、問題はすぐにも解決されてしまうのである」と結論づけているのです（同前、一六三〜一六四頁）。

ピケティも河上肇も、富の再分配を構造的貧困の処方箋と考えている点では共通しています。おそらくリベラルな一般市民の感覚も、二人に近いかもしれません。

しかし両者は、想定する分配の主体が異なります。ピケティが分配の主体を国家と考えるのに対して、河上は社会（自覚した富裕層）と考えます。つまり、金持ちが貧者に積極的に施《ほどこ》すべし、と言うのです。

おそらく多くの人は、河上の考えを非現実的だと判断するでしょう。資本家の良心にいくら訴えても、市場での競争で勝利し、生き残っていくためには、貧困者への再分配として自発的に提供できるカネなどあるはずがない。

したがって分配論で考えるかぎり、合法的な暴力装置を持つ国家が徴税によって、再分配を行なうというピケティ・モデルに収斂《しゅうれん》していくことになります。

注意を促したいのは、このピケティ・モデルは容易にファシズムの経済論に転じることです。

ムッソリーニは、資本家に指示をして、企業の内部留保を労働者の賃金に分配させました。イタリア・ファシズムでは、国家と労働者と資本家の三者委員会方式で賃金を決定したのです。安倍首相も財界に対して、内部留保を吐き出して賃上げすることを要請しました。

つまり、ピケティ・モデルを強圧的に実践すれば、それはファシズム経済論になってしまうわけです。

ファシズム経済論台頭の背景

では、マルクス経済学では賃上げの方法はあるのでしょうか。

たった一つだけあります。

強力な労働組合をつくって、ストライキ権を背景に会社と団体交渉すればいいのです。ストライキ権が重要なのは、ストライキをすると、その間、剰余価値がまったく生まれなくなるからです。資本家にとってそれ以上のダメージはありません。

しかもほとんどの先進国では、職場の待遇改善をめぐってストライキを行なうことは免責されます。なぜかというと、ストライキぐらいの強力な権利を与えておかないと、賃金はどんどん下がってしまうからです。

ところが日本では、労働組合によるストライキがいまやほとんど行なわれなくなりました。賃上げについては、労働組合が春闘で一括交渉をする。ただし、現在の組合幹部は、一般の組合員から遊離しており、経営陣に加わる通過点のようになってしまっています。それでもないよりはマシですが、組合の機能そのものが衰退しているのが現状です。だから今後も、放っておけば賃金は下がっていく。組合がほとんどない非正規雇用の賃金水準を見れば、それは一目瞭然でしょう。

すでに見たように、賃金は労働力を再生産するための費用です。この費用の水準は、再生産のためにいくらかかるかによって決まりますから、一〇〇円ショップやユニクロ、牛丼で生きることができるようになった日本のような先進国では、資本はどんどん賃金を下げようとします。

しかしあまりに賃金が安くなると、労働者本人は生活できても、家族を持つことはできなくなる。そうなると、労働力の再生産が不可能になるので、国家は弱体化します。

そこで安倍首相のように、内部留保を吐き出させようとするファシズム経済論が台頭することになるわけです。

すべての道は賃下げに通ず

労働組合もストライキも力を失ったいま、賃金が上昇する見込みはさらに低くなってしまいました。一方で、賃金が下がる要因はいくらでも見つけることができる。すべての道は賃下げに通じています。

このことを、賃金を決める三つの要素に立ち戻って考えてみましょう。

賃金を決める一番目の要素は、具体的には住宅費、食費、衣料品、簡単なレジャーということになりますが、現代ではこうした生活にかかる費用はいくらでも安く済ますことができます。

このことを、池上彰は私との対談のなかで次のように語っています。

マルクスも書いていますが、労働力の再生産の費用をどんどん引き下げようといういまの資本の運動があって、そもそも社会的な再生産費自体を下げる働きがある。それこそ吉野家の牛丼で。……

あるいは日高屋のラーメンとか、服はユニクロでと。とりあえず、そういうものを着たり食べたりすることによって、相当安く生活できるようになりました。だからその分、企業は賃金は上げなくてもいいんだよ、ということになる。正規労働者に比べてはるかに給与水準が低い非正規労働者でも、ギリギリ生活できる程度までに、社会的な生活費がこのところずっと引き下げられてきたんだろうと思います。これはマルクスが指摘した通りのことが起きていると思うんですよ。（池上彰、佐藤優『希望の資本論』朝日新聞出版、一〇二〜一〇三頁）

ここで池上が言っているように、生活に必要な費用が安くなれば、それに合わせて賃金も下がっていく。賃金を決める第一の要素から考えると、賃金は下がる方向に働いていることがわかります。

女性の労働力はどう評価されるのか

賃金を決める二番目の要素は、家族を養う費用です。

この費用に関わってくるのが、安倍政権が打ち出している「女性の活用」です。養うべき家族の範囲をどこまでにするかというのは、時代とともに変わります。専業主婦が主流で、女性は家事労働に従事するものだと一般的に考えられていた時期は、夫の賃金のなかに当然、配偶者を養う分も含まれる。しかし、男女双方が働くのが当たり前だということになると、二人合わせた形で労働力の再生産ができればいいので、賃金が低下していきます。

ただし、ここで言う労働力の再生産には、子どもを次の世代の労働者階級として再生産することも含まれています。

資本主義を維持するためには、労働者が子どもを育てて、新しい労働者を生み出していく必要がある。つまり、資本は女性を労働力として活用するときには、現在だけでなく将来の労働者階級の再生産も勘案《かんあん》することになります。

たとえば、女性を労働力として活用しないと、現下の資本主義が危機的になるのならば、国家は保育所や子育て支援施設、教育施設に対して補助を増やすでしょう。女性の労働力を資本主義発展のために活用しながら、次世代の労働力の再生産ができるようにサポートするわけです。

逆に、資本の価値増殖や労働者階級の再生産にとってマイナスになるのなら、女性は家にこもって家事や育児に専念するよう促そうということになります。

「女性の活用」が意味するもの

ここで戦前の日本とのアナロジーで、安倍政権の「女性の活用」を分析してみましょう。明治以来の工場労働者を見ると、長期にわたって、女性の労働者数が男性の労働者を上回っていました。意外に思うかもしれませんが、男性の工場労働者数が女性を上回るのは、一九三三（昭和八）年ごろであり、それまでは女性労働者のほうが多かったのです。

しかも女性工場労働者の多くは、農村からの出稼ぎの女性です。後発資本主義国である日本の軽工業は、低賃金・長時間労働で安価な商品を生産することで、国際競争力を高めていました。その労働力の中心が、農村からの出稼ぎ女性だったわけです。

これが一九三〇年代後半になると、満州事変や日中戦争の展開にともなって、軍需が拡大し、重化学工業中心の産業構造に転換していきます。こうした工場では体力・筋力が求められたので、そのために、男性の労働者が急増するわけです。

第二章で見たように、産業革命が起こって資本主義が発達していく一八九〇年代の工場は、ブラック企業そのものでした。資本主義にブレーキをかける規制はほとんどありません。だから、最も低賃金で雇用できる農村の女子を労働力として活用したわけです。

資本主義への規制がどんどん緩和されていくという点では、当時と現代とではよく似ています。

だからこそ現代の日本も、女性を労働力として積極的に活用するのです。とりわけ今後は、高齢化がさらに進行しますから、介護や医療の分野では慢性的に労働力が不足します。「感情労働」と言われる分野です。これらの分野では、女性の雇用がさらに進んでいくでしょう。

ほかの分野でも、女性の労働力がもっと活用されるようになれば、労働力不足が解消されますから、賃金は下がる方向に働きます。

結局、安倍政権が意図していることは、資本主義社会を維持するために、女性をどう〝利用〟するかということでしかありません。だから一方では「すべての女性が輝く社会づくり」と言いながら、改正労働者派遣法を成立させて、不安定雇用を強化しています。非正規社員の約七割は女性ですから、安倍政権の本音は、システムを維持する調整弁として女性を活用したいというところにあるわけです。

最後に、賃金を決める三番目の要素である自己学習費用についてはどうでしょうか。自己学習費用は、労働力の再生産に直接的な関係はありませんから、利潤率が低下すれば真っ先にコストカットの対象になります。

その結果が、いつでも取り換えの利く非正規社員の増加であることは言うまでもありません。

明治の女工とホワイトカラー・エグゼンプション

このように見れば、すべての道は賃下げに通じていることがわかります。つまり賃金を決めるどの要素を見ても、賃下げの方向にしか働かないということです。

では、労働時間についてはどうでしょうか。

資本主義の理想は、労働者を二四時間働かせることです。これは、労働力を完全な商品にすることにほかなりません。

実際、横山源之助が『日本之下層社会』で描いたような製糸工場では、一日一四〜一五時間の労働時間で、土日や休日もなかった。資本家にとっては理想的な労働環境だったわけです。

かつての女工たちの現代版は、居酒屋チェーンの店長や店員でしょう。一二時間労働は当たり前で、一四時間、一五時間労働が常態化している店も少なくありません。

しかし、彼らは決して例外的存在ではありません。資本主義の理想を具現化すれば、必然的に居酒屋のような働き方をさせられてしまうのです。

事実、一般企業の社員に対しても、資本主義の理想を要請する動きが強まっています。それがホワイトカラー・エグゼンプションです。これはホワイトカラーへの労働法上の規制を適用免除するという趣旨の制度で、アメリカなどで行なわれています。日本でも二〇一五年四月の閣議で、「高度プロフェッショナル制度」という名称の新制度導入を柱とする労働基準法改正案が決定されました。年収約一〇〇〇万円以上のホワイトカラーについては、労働時間ではなく仕事の成果によって賃金を決めるという新制度です。

政府は二〇一五年の国会成立を結局断念しましたが、仮にこの新制度の導入によって、年収一〇〇〇万円以上の労働者については、残業代がゼロになったとする。これが何を意味するのか、具体的に考えてみましょう。

たとえば三〇代後半から四〇代はじめの一〇〇〇万円の給与所得者で、配偶者と二人の子どもがいる場合、諸控除をすべて用いても、税金や社会保険などを差し引くと、手元に残るのは七五〇万円程度です。賞与が四か月分だとすると、賞与を除いた手取りの年収は五六〇万円、月に四六万円ほどの計算になる。

つまり資本家は、月額四六万円程度の賃金で、労働者に無制限、無定量の労働をさせようとしているわけです。何百時間にもおよぶ残業をさせられ、その分の報酬はゼロ。しかも教育費が上がり続けるなか、月額四六万円では二人の子どもを私立学校に上げることなど、とてもできない。その上、過酷なオーバーワークで身体も精神も壊れてしまう。ならば、低い年収に甘んじたほうがよっぽどマシだ。ということで、みな年収三〇〇万

〜五〇〇万円程度であきらめてしまうのではないでしょうか。

つまり、年収一〇〇〇万円と引き換えに資本に殺されてしまうか、それとも、はるかに低い年収に甘んじるか。この二つしか選択肢がない。いまや、日本が明治から昭和にかけて生み出したプロレタリアートとはまったく異なる、新しい形のプロレタリアートが生まれつつあるのです。

「資本主義の極意」を学ぶことで、このように過去と現在を比較して分析することもできます。明治の女工は、遠い昔の悲劇ではありません。資本主義の理想を実現しようとすれば、同様の悲劇は形を変えて、何度でも繰り返されるのです。

5　むきだしの資本主義社会をどう生き抜くか

過剰な資本は「水」に向かう

新自由主義という名のむきだしの資本主義は、これまで以上に社会のあらゆる事物を商品にしていきます。

そのなかには、本来、資本主義の対極にあったはずの人間関係までが含まれます。ソーシャルネットワークや出会い系サービスは、人間関係の商品化にほかなりません。

それればかりか、ペットボトルや二酸化炭素排出権のように、人間の生存に欠かせない水や空気すら商品化されています。ここでは象徴的な商品として、「水」を取り上げてみましょう。

考えてみてください。ほんの十数年前まではペットボトル入りの水を購入するのはきわめてまれなことで、ほとんどは水道の水を飲んでいたのではないでしょうか。無料だった水がいつのまにか商品となり、私たちはもはやペットボトルを手放せません。

先に紹介した宇野派の経済学者・鎌倉孝夫は、先行研究をふまえて、水の商品化の背景にある、グローバル資本の運動について考察しました。以下、鎌倉の論に即して見ていきます。

資本の過剰はいまや世界的な規模で起こっています。過剰なマネーは各国の株式や証券など金融資本に向かい、その結果、株価の乱高下も日常的なものになりました。それだけでは治まらず、過剰なマネーはついには森林の買収に向かい、森林が生み出す水が投資の対象になっていると言います。
鎌倉によれば、それを積極的に進めたのは、「ウォーター・バロン」と呼ばれる民間資本でした。

水源だけでなく、水道水の生産、配水、顧客サービスまで一貫した水ビジネスを行う民間資本家的企業が、一九九〇年代以降の新自由主義─規制撤廃・公的事業の民営化推進の下で急拡張している。水ビジネスの世界的大企業・巨人たち──これを〝ウォーター・バロン（男爵）〟という。ウォーター・バロンは、世界的水不足を利用し利益追求を目的に世界の水事業を支配している。（前掲『帝国主義支配を平和だという倒錯』、一七四～一七五頁）

ウォーター・バロンは中国や日本の水事業にも手を広げつつあり、また、これに対抗する形で数多《あまた》のグローバル企業が水ビジネスに乗り出そうとしていると言います。

私たちは毎日、ペットボトル入りの水を何気なく購入していますが、その背景にはこのようなグローバル資本の運動があったのです。その結果、どうなったか。森林という自然がもたらす恵みを無料で享受していたさまざまな国・地域の人たちから水が奪われ、彼らの日常生活から周辺環境までが破壊されようとしている。

人間の生存に不可欠な水でさえも、いまや資本の運動に完全に飲み込まれているのです。これは労働力のみならず、人間のあらゆる要素を投資対象にしようとする資本のあからさまな欲望を表していると言えるでしょう。

資本主義は幻想の上に成り立っている

二四時間の低賃金労働とは、人間をモノとして扱うことです。そして、それこそが純然たる「労働力の商品化」が意味するものです。

しかし、人間はモノではありません。純然たる「労働力の商品化」が完成することはありえないでしょう。労働力商品は、ほかの商品とは異なり、家庭での消費と休息によって生産されるからです。

このことをふまえた上で、そろそろ「資本主義の極意」のまとめに入りましょう。前項で述べた「水の商品化」に象徴される資本の欲望が貫徹されたものが、「株式資本」と「労働力の商品化」です。

しかし両者はどちらもフィクションの上に成り立っています。

株式の配当は、実体経済の資本の運動からもたらされるものですから、「持っているだけで儲かる」という資本の理想が完全に実現することはありません。

労働力商品も、いま述べたように資本でつくることはできません。それを無視して、人間を二四時間働かせることはできません。モノとして扱われた人間は死んでしまうからです。

ですから資本主義の理想は、決して現実にはなりえない幻想の上に構築されています。しかしそのフィクションをみんなが信じているから、変えることができない。それだけ私たちは、資本主義のなかにどっぷりと浸《つ》かってしまっているということです。

同時に、こうしたむきだしの資本主義が、自ら存立基盤を掘り崩しつつあることも事実です。

人間をモノのように扱えば扱うほど、労働力の再生産はできなくなります。現在は、非正規社員の多くが結婚や子育てをあきらめてしまっている。今後、日本の資本主義が弱体化することは避けられないでしょう。

国内で資本主義が回らなくなると、資本の過剰を海外で処理しなければならなくなる。ここで出てくるのが、帝国主義です。

資本と国家の結びつきが強化され、軍事産業や資本の輸出競争によって、帝国主義的対立が深まっていく。その延長には、戦争の誘惑が待ち構えているのです。

稼ぐに追いつく貧乏なし

以上のような状況のもとで、では、私たちはどう生きていったらいいでしょうか。

まず大前提として、お金を無視した生き方をしてはならないことを強調しておきましょう。

資本主義がもたらす閉塞した状況を捉えて、お金を超越するような生き方を推奨する人が増えてきました。たとえ年収が一〇〇万円未満でも豊かに暮らしていくことができる、お金をつかわずに大自然のなか自給自足でシンプルに生きるのが素晴らしい……。こういった生き方は現代では貴重ですし、彼らの実践には学ぶところも多いでしょう。しかし、万人が彼らのように生きていけるかというと、それは違う。

お金を馬鹿にするあまり、悲惨な境遇に陥ってしまう人はけっして少なくありません。「貧乏でもいいんだ」と、アルバイトで食いつなぐ生活を続けていたら、いざ大きな病気をしたときに治療代も出ないようなことになる。あるいは、年を重ねていくうちに、バイトで雇ってもらえなくなるかもしれない。

資本主義社会では、お金で商品やサービスを購入します。「カネなんてなくても生きていける」という考え方を過剰に信奉するのは、とても危険なことです。

どれだけ閉塞状況に陥っているとはいえ、序章で述べたように、予見される未来に資本主義に代わる新たなシステムが到来することは考えられない。私たちは、死ぬまで資本主義とつきあっていかなければなりません。

しかし、資本主義とつきあうことと、資本の論理に絡め取られることは違います。

資本主義社会でお金を得るためには、働かなくてはなりません。労働力を売って、賃金を得る。一握りの富裕層を除けば、金利や配当だけで暮らすことはできないのですから、働いて賃金を得るということは、生きていく上での大前提です。

映画の寅さんの名文句に、「労働者諸君！　稼ぐに追いつく貧乏なし」というのがある。私はこの言葉が気に入っており、あちこちでよく引用します。というのもこの文句はたくまずして、現下資本主義社会での生き方の真実をついているからです。

資本が生産する商品を購入する人の大多数は労働者です。労働者が生きるのに困るようでは、システムは存続しません。だから働けば、それなりに暮らしていける。

ただし、資本主義の内在的論理を理解すれば、死ぬほど働いたところで、給料が何十倍にも膨れ上がったりしないことがわかるでしょう。ならば、命を削ってまでカネを求めるような愚かな選択はしないで済むようになるはずです。

高望みはせず、しかしあきらめないこと。飛び交う情報に踊らされず知識をたくわえ、自分のアタマで考えること。平凡なようですが、これが資本主義とつきあうキモです。

シェア経済が資本主義を変える？

昨今、資本主義の矛盾を乗り越える試みとして提案されているコモンズやシェアという考え方についても、ここでふれておきましょう。

モノや情報を共有したり分けあったりするこれらの実践は、商品経済以外の人間関係のあり方を提起する点で、貴重なものです。しかし、それはあくまで資本主義システムの周辺で行なわれている実践（実験）にとどまります。シェア経済が商品経済に取って代わり、資本主義がドラスティックに変貌する、あるいは終焉することなどありえません。これらの試みは、生活の隅々まで資本の論理に支配されないためのひとつのアイデアとして受け止めればいいでしょう。

もうひとつ、生活の隅々まで資本に支配されないためには、直接的な人間関係を確保することが重要です。ようするに、カネを媒介としない世界を、自分を起点に作り上げるということです。

先にも指摘したように、ソーシャルネットワークや出会い系サービスなど、人間関係の商品化が進んでいます。これらのサービスにももちろん利点はある。SNSを通じて新しい人間関係が広がることもあるでしょう。

しかし私がここで言っているのは、より直接的な人間関係のことです。たとえば友達に本をプレゼントする、割り勘にせずにご馳走しあう、家族と過ごす時間を大切にする。こうした商品経済の論理とは異なる人間関係を大事にすることが、一人の個人にとっては、資本の論理に支配されない最善の方法なのです。

ただ同時に、資本主義社会で生きている以上、真面目に働くことも必要です。働くことを否定しない。資本の内在的論理を理解した上で、自分を投げ捨てないように、資本主義の論理に乗っかって働き、競争し、成果を上げる。

このバランスを身につけるためにも、資本主義の論理を深く掘り下げて学ぶ必要があるのです。

資本主義を乗り越えようとすると……

思想的には、どのような構えを持つべきでしょうか。

新自由主義と帝国主義が同時に進行している現在、資本主義を乗り越えようと考えると、そこにファシズムの論理が待ち構えています。ファシズム論のポイントは「この資本主義の猛威を食い止めるためには、国家の強い介入が必要だ」と考えることです。

先述したように、ファシズムという思想には潜在的な可能性がある。だから、上手に知的な操作をすれば、部分的に使えることはあるかもしれません。しかし、反知性主義が席巻する現下の日本で使うにはあまりにリスクが大きすぎます。

一九三〇年代以降の日本の失敗を、私たちは忘れるべきではありません。「絆《きずな》」や「結束」の強調は、ファシズムへの一歩を踏み出すことになります。「一億総玉砕《ぎょくさい》」を想起させる「一億総活躍」を打ち出す安倍政権は、意識しているかどうかは別として、ファシズムに向かっている。つまり安倍政権というのは、新自由主義的な要素とファシズム的な要素とが無自覚に同居しているのです。

では、ファシズムにも陥らないような資本主義の乗り越え方はあるのか。

残念ながら、システムとしてそれを描いたとたん、私たちはユートピア主義に陥ってしまう。歴史上、ユートピア主義がうまくいった例はありません。

資本主義の矛盾を一挙に解決しようとしたアナーキズム（無政府主義）や共産主義も成

功はしなかった。それどころか共産主義にいたっては、資本主義社会以上に民衆を抑圧し、暴力が充満する社会を生み出してしまいました。

私たちは、資本主義システムがどのように始まったのかを思い起こすべきでしょう。

それは歴史上のある時期に、イギリスで偶然「労働力の商品化」が起きたことで生まれました。偶然に生まれたものは、偶然に解体する可能性がある。しかし、それがいい方向に解体するのか、悪い方向に解体するのかはわかりません。

急ぎつつ待ち望む

キリスト教神学に「終末遅延《ちえん》」という問題があります。

イエス・キリストは「私はすぐに来る」と言って、この世を去りました。弟子たちは、いずれイエスが戻ってきてこの世が終わりを迎えると信じています。ここで言う「終わり」「終末」とは、単純に何かが終わることではなく、「目的」「完成」を意味する。イエスの再来とは、終わりであると同時に、完成であり目的であり、そして救済なのです。

しかし弟子たちが待てど暮らせど、この世の終わりは来ません。「終末遅延」という問題が生じたのです。イエスの弟子たちが想定していたより、すでに一九〇〇年以上、終末が遅れていますが、キリスト教徒はいまでも終末を信じているのです。

キリスト教神学によれば、私たちはみな、終末にいたる「中間時」、すなわち「時のあいだ（Zwischen den Zeiten）」を生きています。中間時を生きる人間の社会構造には、悪が容易に忍び込んできてしまう。しかしこの悪の問題は、いつかは解決される。それが終末であり、この終末の日に備えて自らを律して生きるのがキリスト教徒の仕事です。

私はこの終末を、資本主義からのラディカルなシステム転換だと捉えています。いつかは資本主義も終焉するでしょう。でも、それがいつのことかはわからない。ならば、焦《あせ》らずに待つ。待つことにおいて期待する。

これを神学者のカール・バルトは、「急ぎつつ待ち望む」と言いました。

その時が来るまで、私たちは高望みせず、しかしけっしてあきらめない。そして、その時が到来したときこそ、私たちは資本主義社会を超えた、良い社会をつくらなければならないのです。

■現下日本と国際情勢を読み解くための本

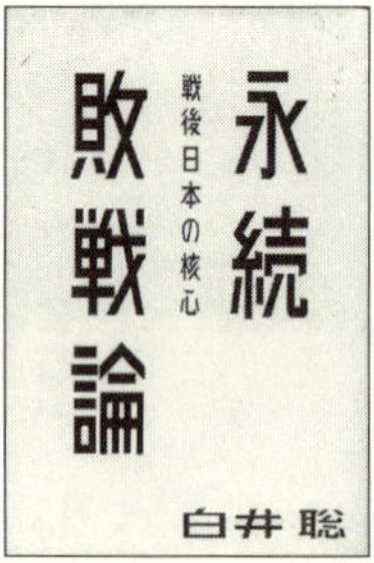

白井　聡
『永続敗戦論』
太田出版

一九四五年以来、この国は一貫して敗戦を否認してきたという視点から、戦後社会の欺瞞に迫る。領土問題から3・11までを読み解く「現状分析」としても優れており、日本特殊論に立つ講座派的知性の最良の成果と言えるだろう。

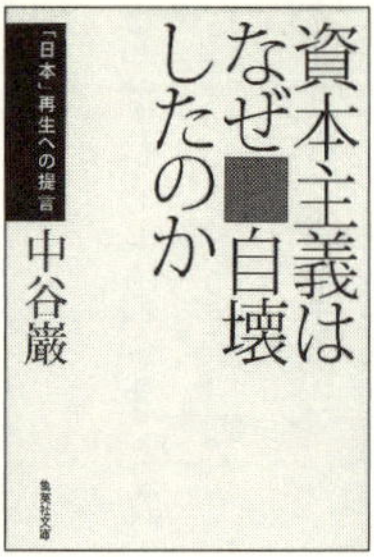

中谷　巌
『資本主義はなぜ自壊したのか』
集英社文庫

「構造改革」の旗振り役だった著者が、市場原理主義からの決別を表明した「懺悔の書」。格差拡大や環境破壊の元凶として資本主義を痛烈に批判している。本書が指摘する新自由主義の欠陥は、「現状分析」の基本的な視座として有効だ。

引用・参考文献（本文への登場順）

序章

・トマ・ピケティ［山形浩生、守岡桜、森本正史訳］『21世紀の資本』みすず書房、二〇一四年
・佐藤優『世界史の極意』ＮＨＫ出版新書、二〇一五年
・宇野弘蔵『資本論五十年（上・下）』法政大学出版局、一九八一年
・熊野純彦『マルクス資本論の思考』せりか書房、二〇一三年

第一章

・高村直助、高埜利彦ほか『日本史A』山川出版社、二〇一五年
・マルクス［エンゲルス編、向坂逸郎訳］『資本論（一）～（九）』岩波文庫、一九六九―七〇年
・宇野弘蔵『経済原論』岩波全書、一九六四年
・宇野弘蔵『宇野弘蔵著作集9　経済学方法論』岩波書店、一九七四年
・鎌倉孝夫『資本主義の経済理論――法則と発展の原理論』有斐閣、一九九六年
・富塚良三『経済原論――資本主義経済の構造と動態』有斐閣大学双書、一九七六年

・宇野弘蔵『経済政策論〔改訂版〕』弘文堂、一九七一年
・岩波講座『日本歴史17〜19　近現代3－5』岩波書店、二〇一四―一五年
・松沢裕作『町村合併から生まれた日本近代――明治の経験』講談社選書メチエ、二〇一三年
・柄谷行人『遊動論――柳田国男と山人』文春新書、二〇一四年
・宇野弘蔵『資本論に学ぶ』ちくま学芸文庫、二〇一五年
・小林正彬『日本の工業化と官業払下げ――政府と企業』東洋経済新報社、一九七七年

第二章

・川島武宜『日本人の法意識』岩波新書、一九六七年
・宇野弘蔵『恐慌論』岩波文庫、二〇一〇年
・横山源之助『日本の下層社会』岩波文庫、一九八五年
・レーニン〔宇高基輔訳〕『帝国主義――資本主義の最高の段階としての』岩波文庫、一九五六年
・アーネスト・ゲルナー〔加藤節監訳〕『民族とナショナリズム』岩波書店、二〇〇〇年
・佐藤優『国家論――日本社会をどう強化するか』NHKブックス、二〇〇七年
・日本綿業倶楽部編『内外綿業年鑑　昭和7年版』日本綿業倶楽部、一九三二年

第三章

・佐藤信、五味文彦、高埜利彦、鳥海靖編『詳説　日本史研究〔改訂版〕』山川出版社、二〇〇八年
・河上肇『貧乏物語』岩波文庫、一九四七年
・カウツキー〔波多野真訳〕『帝国主義論』創元文庫、一九五三年
・宇野弘蔵監修『講座　帝国主義の研究――両大戦間におけるその再編成（全五巻）』青木書店、一九七三―七五年
・鎌倉孝夫『日本帝国主義の現段階』現代評論社、一九七〇年
・鎌倉孝夫『日本帝国主義と資本輸出』現代評論社、一九七六年
・大内力『国家独占資本主義』こぶし文庫、二〇〇七年
・『大系国家独占資本主義（全八巻）』河出書房新社、一九七〇―七一年
・新明正道『ファッシズムの社会観』岩波書店、一九三六年
・向坂逸郎『わが生涯の闘い』文藝春秋、一九七四年
・高畠素之『論・想・談』人文会出版部、一九二七年
・不破哲三『新・日本共産党綱領を読む』新日本出版社、二〇〇四年
・宇野弘蔵『宇野弘蔵著作集〈別巻〉学問と人と本』岩波書店、一九七四年
・小林多喜二『蟹工船　一九二八・三・一五』岩波文庫、二〇〇三年

・葉山嘉樹『海に生くる人々』岩波文庫、一九七一年
・クルツィオ・マラパルテ［手塚和彰、鈴木純訳］『クーデターの技術』中公選書、二〇一五年
・片山杜秀『未完のファシズム――「持たざる国」日本の運命』新潮選書、二〇一二年
・篠原三代平『長期経済統計10――推計と分析　鉱工業』東洋経済新報社、一九七二年

第四章

・佐藤優『新・帝国主義の時代――右巻　日本の針路篇』中央公論新社、二〇一三年
・佐藤優『新・帝国主義の時代――左巻　情報分析篇』中央公論新社、二〇一三年
・安倍晋三『新しい国へ――美しい国へ　完全版』文春新書、二〇一三年
・ニクラス・ルーマン［大庭健、正村俊之訳］『信頼――社会的な複雑性の縮減メカニズム』勁草書房、一九九〇年
・鎌倉孝夫『帝国主義支配を平和だという倒錯――新自由主義の破綻と国家の危機』社会評論社、二〇一五年
・ヨゼフ・ピーパー［稲垣良典訳］『余暇と祝祭』講談社学術文庫、一九八八年
・池上彰、佐藤優『希望の資本論――私たちは資本主義の限界にどう向き合うか』朝日新聞出版、二〇一五年

・鎌倉孝夫、佐藤優『はじめてのマルクス』金曜日、二〇一三年
・佐藤優、山崎耕一郎『マルクスと日本人――社会運動からみた戦後日本論』明石書店、二〇一五年
・柄谷行人『帝国の構造――中心・周辺・亜周辺』青土社、二〇一四年
・柄谷行人『世界史の構造』岩波現代文庫、二〇一五年

あとがき

本書では、日本のユニークな知性である宇野弘蔵（一八九七〜一九七七年）の方法論にしたがって、明治維新以後の日本史を題材に、資本主義の内在的論理を読み解いた。このあとがきでは、本文の内容についてコメントを付して屋上屋《おく》を架《か》すことは避けて、私がなぜ、現在ではほとんど忘れられてしまっている宇野経済学に固執するかについて記したい。

高校生時代に私は本格的にマルクス主義に触れた。その詳しい経緯については、拙著『私のマルクス』（文春文庫）、『同志社大学神学部』（光文社新書）に書いたので、関心のある読者は目を通していただきたい。

私は一九六〇年生まれなので、高校生時代の七〇年代後半は、かつての学園紛争の嵐は過ぎ去っていた。しかし、社会や政治に関心を持つ高校生は、マルクス主義系の本を熱中して読んでいた。私が学んだ埼玉県立浦和高校でも、新聞部や文芸部に所属する生徒は、背伸びをして、マルクスやレーニンの著作だけでなく、ルカーチや廣松渉の哲学書を読んでいた。こういう先輩や友人の影響を受け、私もマルクス主義に強い関心を持つようになった。

私の世代で、マルクス主義に関心を持つ生徒は、共産党系の民青同盟（日本民主青年同盟）か、新左翼系の中核派やブント（共産主義者同盟）のシンパになる例が多かった。しかし、私は社会党左派に魅力を感じた。兵庫県で沖縄県人会会長と県会議員をつとめていた伯父が社会党員だったので、子どものころから伯父と話すうちに非共産党系の労農派マルクス主義の影響を受けていたのだと思う。そして私は社会党系の青年組織である社青同（日本社会主義青年同盟）の同盟員になった。

同時に私は、母親がプロテスタントのキリスト教徒だった関係で、子どものころから教会に通っていた。マルクスは「宗教は人民の阿片《アヘン》である」と言った。ソ連や中国などの社会主義国は、無神論を国是《こくぜ》としている。私は自分のなかで、神の問題について決着をつけたいと真剣に悩んでいた。そこで、当時キリスト教の洗礼を受けていなかった私は、牧師の推薦状がなくても受験できた同志社大学神学部で、無神論について勉強したいと思った。

もっともそういう小難しい理屈とは別に、一〇代後半の少年らしい悩みもあった。高校時代、私は浦和第一女子高校（埼玉県の場合、一部の公立高校は男子校、女子校に分かれている）に二歳年上の恋人がいたが、彼女がお茶の水女子大学に入ってしばらくすると、私は振られてしまった。彼女が熱心なプロテスタントのキリスト教徒であったので、それに対する反発と、首都圏の大学に進学すると、偶然どこかで彼女と会うことがあるので、それは避けたいという思いからも京都の同志社は魅力があった。

神学部に入って水が合わなければ、すぐに退学して、別の大学への進学準備をしようと思っていた。しかし、神学部は、私の知的刺激を満たすのに最良の環境だった。神学の勉強を半年ほどしたところで、マルクスが批判している神は、まさに人間がつくりだした偶像で、カール・バルトやディートリヒ・ボンヘッファーなどの優れたプロテスタント神学者は、マルクス主義者よりもずっとラジカル（根源的）な宗教批判を展開していることを知った。一九七九年のクリスマス礼拝のとき、一九歳の私はキリスト教の洗礼を受けた。その後、私のキリスト教信仰がゆらいだことは、文字どおり、一度もない。

洗礼を受けた翌年、私は社青同を脱退した。しかし、マルクス主義的世界観から抜け出すためには、もうすこし時間がかかった。私はマルクス主義から抜け出す上で、決定的に重要な影響を宇野弘蔵から受けた。

宇野は、マルクスには、二つの魂があると考える。一つ目は、観察者として、資本主義の内在的論理を解明しようとする魂だ。それは、マルクスの主著『資本論』に端的に現れている。ただし、マルクスには、共産主義社会を実現しようとする二つ目の魂がある。『資本論』にも革命家としてのマルクスのイデオロギーが混在するがゆえに、論理が崩れている部分がある。そのような部分については、イデオロギーよりも論理を重視して、宇野は『資本論』を原理論として純化した。そして、労働力の商品化がなされると、恐慌を繰り返し、資本主義は「あたかも永続するような」システムとなるのである。

もっとも現実に存在する資本主義は純粋なものではない。国家の経済政策によって影響を受けるため、資本主義は、重商主義、自由主義、帝国主義という段階を経る。したがって、原理論・段階論・現状分析という三段階論で重層的に資本主義を分析する科学（体系知）としての経済学を確立する必要があると宇野は説いた。

私は、学生時代だけでなく、外交官時代も、職業作家になったいまも、宇野の体系知としての経済学というアプローチは正しいと考えている。

資本主義は、英国のエンクロージャー（囲い込み）運動という外部からの契機によって生まれたので、与件が変化すれば、資本主義を超克することは可能である。マルクス主義者の間違いは、システムの転換が内部から可能であると考えたことだ。資本主義は、キリスト教の千年王国が説くように外部からのきっかけによって崩れると私は考えている。それだから、人間を疎外するシステムである資本主義に振り回されないように細心の注意を払いつつ、いつか千年王国が到来することを私たちは「急ぎつつ、待つ」という態度をとらなくてはならない。

新約聖書には、イエスのこんな言葉が紹介されている。

「あなたたちは真理を知り、真理はあなたたちを自由にする」（「ヨハネによる福音書」八章三二節）

本書を読んでいただければ、資本主義の真理がわかる。そのことによって、私たちは資本主義から派生する拝金主義、出世競争、学歴信仰などから自由になることができる。

本書を上梓するにあたっては、ＮＨＫ出版の大場旦氏と黒島香保理氏、フリーランスの編集者兼ライターの斎藤哲也氏にたいへんにお世話になりました。どうもありがとうございます。

二〇一五年一一月二九日、曙橋（東京都新宿区）の自宅三階の仕事部屋にて、愛猫のシマ（去勢オスの茶トラ猫、推定一一歳）とタマ（去勢オスの白茶猫、推定四歳）に見守られながら

佐藤　優

編集協力　斎藤哲也
校閲　大河原晶子
ＤＴＰ　佐藤裕久

佐藤 優 さとう・まさる
1960年、東京都生まれ。作家・元外務省主任分析官。
同志社大学大学院神学研究科修了後、外務省入省。
2002年、背任と偽計業務妨害容疑で逮捕、起訴され、
09年6月執行猶予有罪確定。13年6月執行猶予期間を満了し、
刑の言い渡しが効力を失う。現在は、作家活動に取り組む。
『国家の罠』(新潮社)で毎日出版文化賞特別賞受賞。
『自壊する帝国』(新潮社)で新潮ドキュメント賞、
大宅壮一ノンフィクション賞受賞。
そのほか『国家論』『はじめての宗教論(右巻・左巻)』
『私のマルクス』『世界史の極意』『宗教改革の物語』
など著書多数。

NHK出版新書 479

資本主義の極意
明治維新から世界恐慌へ

2016(平成28)年1月10日　第1刷発行
2016(平成28)年2月5日　第2刷発行

著者 佐藤 優

発行者 小泉公二

発行所 NHK出版
〒150-8081東京都渋谷区宇田川町41-1
電話 (0570) 002-247(編集) (0570) 000-321(注文)
http://www.nhk-book.co.jp (ホームページ)
振替 00110-1-49701

ブックデザイン albireo

印刷 慶昌堂印刷・近代美術

製本 藤田製本

Printed in Japan ISBN978-4-14-088479-9 C0233

NHK出版新書好評既刊

「等身大」で生きる
スケートで学んだチャンスのつかみ方
鈴木明子
病気を乗り越えて2大会連続の冬季五輪出場を果たした鈴木明子が、「チャンスのつかみ方」などスケートで学んだ〝すべて〟を引退後に初めて語る！
475

ルポ 消えた子どもたち
虐待・監禁の深層に迫る
NHKスペシャル「消えた子どもたち」取材班
虐待、貧困等によって監禁や路上・車上生活を余儀なくされた子どもたちが置かれた衝撃の実態が、大規模アンケートと当事者取材で今明らかに。
476

銀河系惑星学の挑戦
地球外生命の可能性をさぐる
松井孝典
宇宙ファンなら知っておくべき、惑星の基礎知識から探査の最前線まで、易しく網羅的に解説する。21世紀の宇宙観が見えてくる一冊。
477

恐怖の哲学
ホラーで人間を読む
戸田山和久
テーマはホラー。感情の哲学から心理学、脳科学まで多様な知を縦横無尽に駆使し、人間存在のフクザツさに迫る。前代未聞の哲学入門！
478

資本主義の極意
明治維新から世界恐慌へ
佐藤 優
テロから金融危機まで。歴史をさかのぼり資本主義の本質を明らかにするとともに、矛盾のなかで生き抜く心構えを説く。新境地を開く書き下ろし。
479